영어를 시작┈┈┈한 최고의 문법책

초등 영문법

이것만

LET'S LEARN GRAMMAR

하면 된다

Samantha Kim, Anne Kim 지음

동양북스

저자 Samantha Kim

뉴욕주립대 TESOL 석사.
현재 학부모와 영어교사들을 대상으로 교수법을 강의하고 있으며,
경험과 이론을 바탕으로 다양한 ELT 교재를 집필하고 있다.

저자 Anne Kim

한양대 교육학, 숙명여자대학교 TESOL 석사.
연령과 시기에 따라 필요한 영어교수법을 연구 중에 있으며,
그러한 노하우를 담아 집필활동과 강의를 하고 있다.

초등 영문법
이것만
하면 된다 ❷

초판 1쇄 인쇄 | 2021년 6월 1일
초판 1쇄 발행 | 2021년 6월 11일

지은이 | Samantha Kim, Anne Kim
발행인 | 김태웅
책임편집 | 황준
디자인 | MOON-C design
마케팅 | 나재승
제 작 | 현대순

발행처 | (주)동양북스
등 록 | 제 2014-000055호
주 소 | 서울시 마포구 동교로 22길 14 (04030)
구입 문의 | 전화 (02)337-1737팩스 (02)334-6624
내용 문의 | 전화 (02)337-1763dybooks2@gmail.com

ISBN 979-11-5768-710-7 (64740)
      979-11-5768-707-7 (세트)

머리말

영문법 꼭 해야 할까요?

단어를 많이 알고 있어도 문장을 만들지 못한다면 마치 구슬은 많은 데 줄이 없어 꿰지 못해 목걸이를 만들 수 없는 것과 같습니다. 문법은 단어를 조합해 다른 사람들이 알아들을 수 있도록 의미를 만들어 줍니다. 문장을 만들 줄 아는 능력이 영어 능력을 좌우합니다.

정확성이 꼭 필요할까요?

영어에서 유창성Fluency 만큼 중요한 것이 정확성Accuracy 입니다. 유창하게 말하지만 계속 틀린 문장을 말하고 있다면 영어를 잘한다고 할 수 없겠죠. 특히 기초를 넘어 중급을 향해가는 레벨이라고 하면 더더군다나 정확하게 문장을 쓰고 말하는 능력이 필요합니다.

문법을 배우고 나면 무엇이 나아질까요?

라이팅과 스피킹에 큰 도움이 됩니다. 한 단어로 대답하는 것을 넘어 문장으로 말을 하려면 문법을 통해 문장을 만드는 법을 익혀야 합니다. 집을 지을 때 철근을 넣어 뼈대를 잡는 것과 같이 영어 말하기나 쓰기도 뼈대를 잡아 구조를 익히는 작업이 필요합니다. 문법은 영어의 기초를 튼튼히 해서 영어 문장을 더 정확하게 만들어 줍니다.

이것만 해도 될까요?

초등학생이 처음 문법을 시작할 때 알아야 할 기초적인 문법 사항과 개념들만 담았습니다. 이것만 시리즈로 공부하다보면 영어의 기초 문법들을 다 뗄 수 있습니다. 하루 한 유닛씩 재미있는 설명과 예문을 보며 문제를 풀다보면 어려운 문법도 자신있어 질 거예요.

이 책의 구성과 활용법

가장 쉽고 재미있는 영문법 세계에 오신 것을 환영합니다!

이 시리즈는 초등학생이 꼭 알아야 할 영문법 내용을 모두 담았습니다. 처음 영문법을 접하는 학생들이 어려워하는 영문법 개념을 스토리식으로 설명하여 영문법을 쉽고 재미있게 배울 수 있습니다. 하루 20분이면 영문법에 자신감이 생길 거예요.

01 읽으면서 이해한다

쉽게 만화로 설명된 영문법 개념을 읽으면서 이해합니다.

더보기

만화를 읽고 나서 더보기를 읽으면서 해당 영문법에서 꼭 알아야 할 내용이나 추가 팁을 배웁니다.

02 정리하며 외운다

알아야 할 영문법 내용을 오거나이저로 정리했습니다. 이 과에서 꼭 알아야 할 핵심 내용입니다. 여러 번 소리 내서 읽으면서 익숙하게 만듭니다.

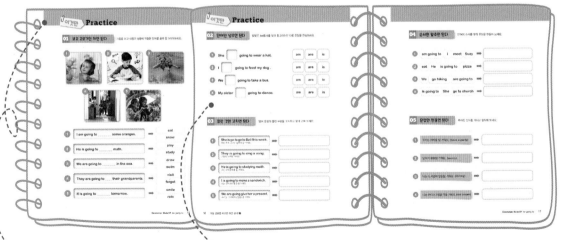

03 이것만 Practice

해당 과에서 꼭 알아야 할 영문법 내용을 문제를 통해 확인합니다. A에서는 사진이나 그림으로 된 문제를 풀면서 영문법을 연습할 수 있습니다.

B~D까지는 4가지 유형의 문제를 풀면서 영문법 개념을 익히는 것은 물론 서술형 쓰기까지 대비할 수 있도록 구성했습니다.

Review와 Final Test

영문법 개념을 이해 한 후 충분히 반복하여 연습할 수 있도록
Review와 Final Test를 수록했습니다.

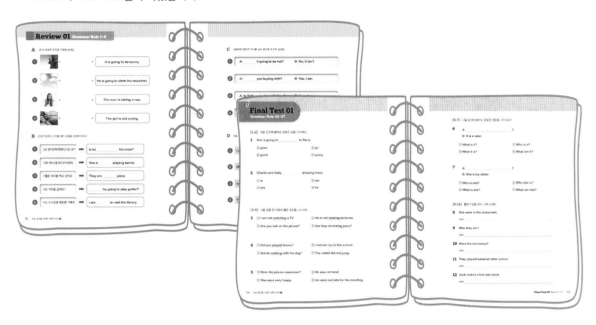

특별부록

정답

서술형 쓰기 대비 문장쓰기 노트

각 과마다 해당 문법이 적용된 5문장씩 쓰는 연습을 통해 서술형 쓰기를 대비할 수 있도록 했습니다.

불규칙 형용사와 불규칙 동사

헷갈리는 불규칙 형용사와 동사를 그림을 통해 쉽게 익힐 수 있습니다.

그래머 보드게임

재미있는 게임을 통해 영문법 개념을 재미있게 익힐 수 있습니다.

본문 정답과 서술형 쓰기 대비 문장쓰기 노트 정답

책 속에 정답을 수록하여 편리하게 정답을 확인할 수 있습니다.

목 차

GRAMMAR MAP of Book 2

be going to

01 be going to	I'm going to go to Hawaii.
02 be going to 부정문	We are not going to be late.
03 be going to 의문문	Are you going to go hiking?

현재진행형

04 현재진행형	I'm drawing a picture.
05 현재진행형 부정문	I'm not crying.
06 현재진행형 의문문	Are you talking on the phone?

be동사의 과거형

07 be동사 과거형	I was at home yesterday.
08 be동사 과거형의 부정문	I was not hungry.
09 be동사 과거형의 의문문	Was it big?

일반동사의 과거형

10 일반동사 과거형의 규칙변화	I walked to school.
11 일반동사 과거형의 불규칙변화	I sang a song.
12 일반동사 과거형의 부정문	I didn't watch a movie.
13 일반동사 과거형의 의문문	Did you play baseball yesterday?

의문사

14 의문사 what	What can you play?
15 의문사 which	Which car do you like?
16 의문사 when	When is your birthday?

	17 의문사 who	Who is he?
	18 의문사 why	Why are you late?
	19 의문사 how	How are you?

형용사/ 부사/ 전치사	20 형용사	blue, small, pretty, kind
	21 부사	slowly, quickly, sadly, safely
	22 비교급	My cat is bigger than your cat.
	23 최상급	He is the tallest.
	24 수량형용사	many, much
	25 빈도부사	always, sometimes, never
	26 시간 전치사	in, at, on
	27 장소 전치사 1	in, on, under
	28 장소 전치사 2	in front of, behind, next to

기타	29 감탄문	How wonderful!
	30 명령문	Open the window.
	31 부정명령문	Don't be sad.
	32 비인칭주어 it	It is sunny today.

Preview ❶ 문장의 5형식

문장에서 주어, 동사, 목적어, 보어가 어떤 순서로 오느냐에 따라
문장의 형식이 달라지며 1형식~5형식까지 있습니다.
문장의 형식에 대해 같이 알아볼까요?

1형식	내용	'주어+동사'로 구성된 문장입니다. 문장에서 주어, 동사, 목적어, 보어 외에 부사구나 전치사구 같은 것은 문장의 형식에 포함되지 않습니다.
	예문	**I go to the park every day.** 나는 매일 공원에 가요. **Birds fly.** 새들은 난다.
2형식	내용	'주어+동사+(주격)보어'로 구성됩니다. 이때 보어는 주어를 보충해 주는 말이에요.
	예문	**She is a teacher.** 그녀는 선생님이에요. **(She=a teacher)** **He looks happy today.** 그는 오늘 행복해 보여요. **(He= happy)**
3형식	내용	'주어+동사+목적어'로 구성된 문장입니다.
	예문	**I ate a sandwich for lunch.** 나는 점심으로 샌드위치를 먹었다. **Tom loves his daughter.** 톰은 그의 딸을 사랑한다.
4형식	내용	'주어+동사+간접목적어+직접목적어'로 구성된 문장입니다. 동사 뒤에 사람을 나타내는 간접목적어와 사물을 나타내는 직접목적어가 옵니다.
	예문	**I gave him a present.** 나는 그에게 선물을 주었다. **She sent me a letter.** 그녀는 내게 편지를 보냈다.
5형식	내용	'주어+동사+목적어+(목적)보어'로 구성된 문장입니다. 여기서 목적보어는 목적어를 보충해 주는 말이에요.
	예문	**My dog made me happy.** 우리 강아지는 나를 행복하게 만들었어요. **(me = happy)** **She called him baby.** 그녀는 그를 아기라고 불렀다. **(him=baby)**

❷ 접속사

문장에서 단어와 단어, 구와 구, 문장과 문장을 연결해 주는 말을
'접속사'라고 해요. 우리말의 '그리고, 그러나, 또는' 등과 비슷해요.
영어 접속사에는 어떤 것이 있는지 알아봐요.

	의미	예시
and	그리고, ~와/~하고	**Anna and Elsa are sisters.** 애나와 엘사는 자매예요. **I saw monkeys and bears.** 나는 원숭이와 곰을 봤다.
but	그러나, 하지만	**The car is old but fast.** 이 차는 오래됐지만 빨라. **The pizza is cheap but delicious.** 그 피자는 싸지만 맛있어.
or	또는, ~나/아니면	**Do you like apples or strawberries?** 너는 사과를 좋아하니 아니면 딸기를 좋아하니? **Do you want to drink milk or juice?** 너는 우유를 마시고 싶니 아니면 주스를 마시고 싶니?
because	~이기 때문에	**I didn't do my homework because I was sick.** 나는 아파서 숙제를 못했어요. **I love my little brother because he is really cute.** 남동생이 정말 귀엽기때문에 나는 동생을 사랑해.
when	~할 때	**I cried when I watched the movie.** 나는 그 영화를 볼 때 울었다. **I run when I am sad.** 나는 슬플 때 달리기를 해.

캐릭터 소개

피기 Piggy

영어 초보 학생. 영어를 잘하고 싶지만 아직 모르는 게 많다. 친한 친구인 캐티에게 항상 영어로 질문하며 영어 배우기에 열심인 친구.

캐티 Catty

어렸을 때 미국에서 살았던 적이 있어서 영어를 잘한다. 친한 친구인 피기와 언젠가 외국여행을 함께 하고 싶어서 영어를 열심히 가르쳐준다.

도기 Doggy

영어를 배울 생각이 없었지만 버니를 친구로 만나고 나서 영어에 관심이 생겼다. 영어 수업 시간에 어떻게든 놀려고 하지만 버니 때문에라도 영어 공부를 하게 된다.

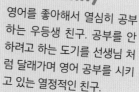

버니 Bunny

영어를 좋아해서 열심히 공부하는 우등생 친구. 공부를 안 하려고 하는 도기를 선생님 처럼 달래가며 영어 공부를 시키고 있는 열정적인 친구.

초등 영문법 이것만 하면 된다

현재진행형

was/were

be going to

명령문

의문사

it

감탄문

형용사

비교급

부사

최상급

전치사

일반동사의
과거형

be going to

01 읽으면서 이해한다

나 하와이에 갈 거야. 우리 삼촌이 거기서 결혼을 하신대.

Wow! 근데 이렇게 미래의 일을 말할 때 쓰는 단골 표현이 있어.

바로 be going to야! '~할 것이다'라는 뜻으로 지금처럼 앞으로 할 일에 대해 말할 때 써.

I am going to 다음에 동사원형을 쓰면 돼.

한번 해볼게! I am going to go to Hawaii.

Excellent! 하와이에서 선물 꼭 사오는 거 알지?

Of course. 기대하라구.

더보기 • 주어와 be동사는 줄여서 I'm going to, You're going to, He's/She's going to로 쓸 수 있습니다.

02 정리하며 외운다

be going to + 동사원형		
	단수	복수
1인칭	I'm going to go to Hawaii. 나는 하와이에 갈 거야.	We are going to visit our uncle. 우리는 삼촌을 방문할 거야.
2인칭	You're going to play tennis after school. 너는 방과 후에 테니스를 칠 거야.	You are going to swim in the sea. 너희들은 바다에서 수영을 할 거야.
3인칭	It's going to be sunny tomorrow. 내일은 날씨가 화창할 거야.	They are going to study Spanish. 그들은 스페인어를 공부할 거야.

01 보고 고르기만 하면 된다　　그림을 보고 내용과 상황에 적절한 단어를 골라 동그라미하세요.

1　I am going to _____ some oranges.　➡　eat / snow

2　He is going to _____ math.　➡　play / study

3　We are going to _____ in the sea.　➡　draw / swim

4　They are going to ___ their grandparents.　➡　visit / forget

5　It is going to _____ tomorrow.　➡　smile / rain

02 단어만 넣으면 된다

알맞은 be동사를 찾아 동그라미한 다음 문장을 완성하세요.

1 She ☐ going to wear a hat.　　am　are　is

2 I ☐ going to feed my dog .　　am　are　is

3 We ☐ going to take a bus.　　am　are　is

4 My sister ☐ going to dance.　　am　are　is

03 틀린 것만 고치면 된다

영어 문장의 틀린 부분을 표시하고 맞게 고쳐 쓰세요.

1 She is go to go to Bali this week. ➡ ☐
이번 주에 그녀는 발리에 갈 거예요.

2 They is going to sing a song. ➡ ☐
그들은 노래할 거예요.

3 He is going to studying math. ➡ ☐
그는 수학공부를 할 거예요.

4 I is going to make a sandwich. ➡ ☐
나는 샌드위치를 만들 거예요.

5 We are going give her a present. ➡ ☐
우리는 그녀에게 선물을 줄 거예요.

순서만 맞추면 된다   단어의 순서를 맞춰 문장을 만들어 보세요.

1 am going to | I | meet | Suzy ➡

2 eat | He | is going to | pizza ➡

3 We | go hiking | are going to ➡

4 is going to | She | go to church ➡

05 **문장만 만들면 된다**   주어진 단어를 가지고 영작해 보세요.

1 우리는 파티를 할 거예요. (have a party) ➡

2 날씨가 화창할 거예요. (sunny) ➡

3 나는 도서관에 방문할 거예요. (library) ➡

4 나는 아이스크림을 먹을 거예요. (ice cream) ➡

be going to 부정문

01 읽으면서 이해한다

더보기
- be going to의 부정문은 be 다음에 not을 써서 be동사+not+going to로 하면 됩니다.
- 주어와 be동사는 줄여서 I'm not going to, You're not going to, He's not going to 등으로 쓸 수 있어요.

02 정리하며 외운다

be + not + going to + 동사원형		
	단수	복수
1인칭	I'm not going to go to school by bus. 나는 버스 타고 학교에 가지 않을 거야.	We are not going to bake cookies. 우리는 쿠키를 굽지 않을 거예요.
2인칭	You're not going to call him. 너는 그에게 전화하지 않을 거야.	You are not going to climb the mountain. 너희들은 산에 오르지 않을 거야.
3인칭	It's not going to be cloudy. 날씨가 흐리지 않을 거예요.	They are not going to buy popcorn. 그들은 팝콘을 사지 않을 거예요.

01 보고 고르기만 하면 된다   그림을 보고 알맞는 표현에 표시하세요.

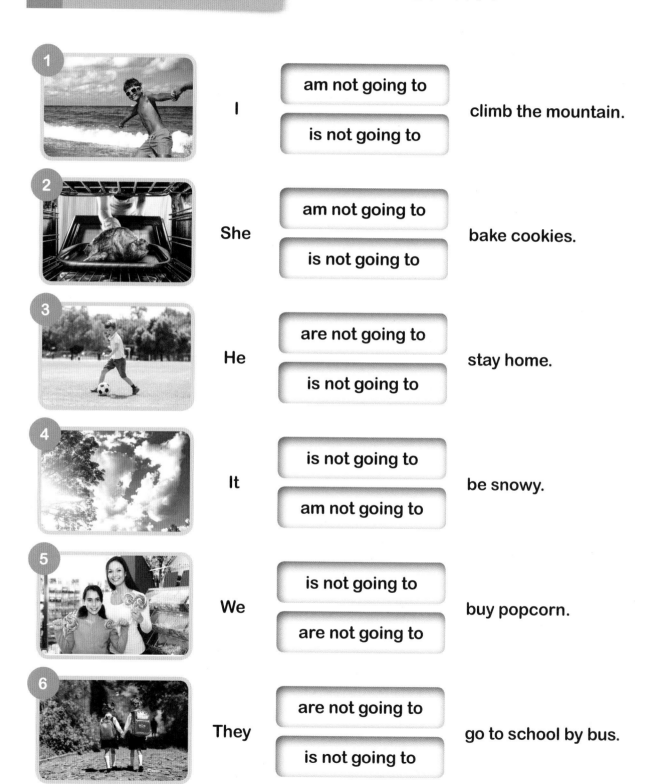

1   I   am not going to / is not going to   climb the mountain.

2   She   am not going to / is not going to   bake cookies.

3   He   are not going to / is not going to   stay home.

4   It   is not going to / am not going to   be snowy.

5   We   is not going to / are not going to   buy popcorn.

6   They   are not going to / is not going to   go to school by bus.

02 단어만 넣으면 된다

알맞은 be동사의 부정형을 찾아 동그라미한 다음 문장을 완성하세요.

1 He [　　　　　] going to eat dinner.　　is not　　am not

2 I [　　　　　] going to get up early.　　are not　　am not

3 We [　　　　　] going to leave now.　　is not　　are not

4 Sarah [　　　　　] going to buy eggs.　　is not　　am not

03 틀린 것만 고치면 된다

영어 문장의 틀린 부분을 표시하고 맞게 고쳐 쓰세요.

1 He is not go to call Mary.
그는 메리한테 전화하지 않을 거야.
→ [　　　　　　　]

2 They is not going to ride a bike.
그들은 자전거를 타지 않을 거예요.
→ [　　　　　　　]

3 She not is going to write a letter.
그녀는 편지를 쓰지 않을 거야.
→ [　　　　　　　]

4 I am not going to went fishing.
나는 낚시하러 가지 않을 거예요.
→ [　　　　　　　]

5 We are not going to playing tennis.
우리는 테니스를 하지 않을 거예요.
→ [　　　　　　　]

순서만 맞추면 된다   단어의 순서를 맞춰 문장을 만들어 보세요.

1 not | I | going to | am | sleep ➡

2 are | We | not | stop fighting | going to ➡

3 run | not | is | He | going to ➡

4 going to | They | not | stay home | are ➡

05 **문장만 만들면 된다**   주어진 단어를 가지고 영작해 보세요.

1 나는 그에게 전화하지 않을 거예요. (call) ➡

2 비가 올 거 같지 않아요. (rain) ➡

3 그는 늦지 않을 거예요. (be late) ➡

4 우리는 쿠키를 굽지 않을 거예요. (bake cookies) ➡

be going to 의문문

01 읽으면서 이해한다

> '너 하이킹 갈 거니?'가 영어로 뭔줄 아니?

> be going to를 쓰면 될 거 같은데 의문문을 어떻게 만들어야 하는지 모르겠어.

> You are going to에서 be동사를 주어 앞으로 보내면 돼.

> 그럼 Are you going to ~?

> Very Good! 이제는 to 다음에 동사원형인 go hiking만 쓰면 돼.

> 아하! 알겠다. Are you going to go hiking?

> Perfect! 아~ 빨리 가고 싶어!

더보기 • 대답이 긍정일 때는 Yes, 주어+am/are/is., 부정일 때는 No, 주어+am/are/is+not.이라고 합니다.

02 정리하며 외운다

	be동사 + 주어 + going to + 동사원형?	
	단수	복수
1인칭	**Am I going to go to the dentist?** 오늘 치과에 갈까요?	**Are we going to buy a tent?** 우리 텐트 살 거예요?
2인칭	**Are you going to go hiking?** 너 하이킹 갈 거니?	**Are you going to play badminton?** 너희들은 배드민턴을 칠 거니?
3인칭	**Is it going to be windy tomorrow?** 내일 바람이 불까요?	**Are they going to eat chicken?** 그들은 치킨을 먹을까요?

01 보고 고르기만 하면 된다   그림을 보고 알맞은 문장에 표시하세요.

Q ☐ Is it going to be windy?
☐ Are it going to be windy?

A Yes, it is.

Q ☐ Is we going to eat chicken?
☐ Are we going to eat chicken?

A No, we aren't

Q ☐ Is he going to go hiking?
☐ Am he going to go hiking?

A Yes, he is.

Q ☐ Are she going to go to the dentist?
☐ Is she going to go to the dentist?

A Yes, she is.

Q ☐ Are you going to buy a tent?
☐ Is you going to buy a tent?

A Yes, I am.

Q ☐ Are Jenny going to play badminton?
☐ Is Jenny going to play badminton?

A Yes, she is.

02 단어만 넣으면 된다
알맞은 be동사를 찾아 동그라미한 다음 문장을 완성하세요.

1 [　　　] you going to go fishing?　　Am　Are　Is

2 [　　　] he going to have lunch?　　Am　Are　Is

3 [　　　] they going to watch a musical?　　Am　Are　Is

4 [　　　] she going to fly a kite?　　Am　Are　Is

03 틀린 것만 고치면 된다
영어 문장의 틀린 부분을 표시하고 맞게 고쳐 쓰세요.

1 Are you going to sleeping early?
넌 일찍 잘 거니?　➡　[　　　]

2 Are he going to play violin?
그는 바이올린을 연주할까요?　➡　[　　　]

3 Are they go to buy a house?
그들은 집을 살까요?　➡　[　　　]

4 Is she going take a walk?
그녀는 산책을 할까요?　➡　[　　　]

5 Is Lisa going come late?
리사가 늦게 올까요?　➡　[　　　]

순서만 맞추면 된다   단어의 순서를 맞춰 문장을 만들어 보세요.

1 going to / you / Are / buy it ➡

2 make a table / he / Is / going to ➡

3 they / Are / going to / dance ➡

4 she / help Mike / Is / going to ➡

---

05 **문장만 만들면 된다**   주어진 단어를 가지고 영작해 보세요.

1 너는 손을 씻을 거니? (wash your hands) ➡

2 그녀는 늦게까지 일을 할까요? (work late) ➡

3 그는 답장을 쓸까요? (write a reply) ➡

4 우리는 부산에서 살 건가요? (live in Busan) ➡

현재진행형

01 읽으면서 이해한다

> 뭐 해?
> 심심한데 뭐 재밌는 일 없을까?

> 그림 그리고 있는데, 너도 같이 할래?

> 재밌겠다! 근데 지금처럼 현재 하고 있는 일을 묘사할 때 '현재진행형'을 써서 말하는 거 알아?

> 현재진행형이 뭐야?

> 현재진행형은 be+-ing 으로 나타내는데 '~하고 있는 중이다'라는 뜻이야. 대부분의 동사는 뒤에 -ing만 붙이면 돼.

> draw → drawing
> jump → jumping
> eat → eating

> 몇 가지 규칙이 더 있는데 같이 알아보자.

> Okay! 다 하고 그림도 같이 그리자.

더보기 • 현재진행형은 대부분 동사에 -ing을 붙여서 만들어요. 하지만 make처럼 -e로 끝나는 동사는 -e를 삭제하고 -ing를 붙이고, 단모음+단자음으로 끝나는 경우 자음을 반복하는 경우도 있어요.

02 정리하며 외운다

be동사 + -ing	
대부분의 동사	I'm drawing **a picture.** 나는 그림을 그리고 있어요. She is jumping **on the sofa.** 그녀는 소파에서 뛰고 있어요.
-e로 끝나는 동사	He's taking **a nap.** 그는 낮잠을 자고 있어요. She is making **a cake.** 그녀는 케이크를 만들고 있어요.
단모음+단자음 으로 끝나는 동사	We are swimming **in the sea.** 우리는 바다에서 수영하고 있어요. They're running **in the park.** 그들은 공원에서 달리고 있어요.

01 보고 고르기만 하면 된다

그림을 보고 내용과 상황에 적절한 말이면 O, 적절하지 않으면 X에 표시하세요.

1. She is drawing a picture. ➡ ○ ✕

2. They are jumping on the chair. ➡ ○ ✕

3. The old woman is taking a nap on the sofa. ➡ ○ ✕

4. We are swimming in the sea. ➡ ○ ✕

5. I am running in the park. ➡ ○ ✕

이것만 Practice

02 단어만 넣으면 된다
알맞은 현재진행형을 찾아 동그라미한 다음 문장을 완성하세요.

1 She [   ] a flower.

2 I [   ] rope.

3 Jack [   ] a nap.

4 The children [   ].

is drawing	am drawing
are jumping	am jumping
is takeing	is taking
are swiming	are swimming

03 틀린 것만 고치면 된다
영어 문장의 틀린 부분을 표시하고 맞게 고쳐 쓰세요.

1 **She am drawing a tree.**
그녀는 나무를 그리고 있어요.
➡ [   ]

2 **They is eating jelly.**
그들은 젤리를 먹고 있어요.
➡ [   ]

3 **He is writeing an email.**
그는 이메일을 쓰고 있어요.
➡ [   ]

4 **We are makeing hotcakes.**
우리는 핫케이크를 만들고 있어요.
➡ [   ]

5 **I am runing with my dog.**
나는 우리 개랑 달리고 있어요.
➡ [   ]

순서만 맞추면 된다 단어의 순서를 맞춰 문장을 만들어 보세요.

1. is She helping her mom ➡️

2. He brushing is his teeth ➡️

3. sitting I am on a chair ➡️

4. is running quickly The dog ➡️

05 문장만 만들면 된다 주어진 단어를 가지고 영작해 보세요.

1. 그들은 달리기를 하고 있어요. (run) ➡️

2. 그녀는 그녀의 친구들을 그리고 있어요. (draw) ➡️

3. 나는 편지를 쓰고 있어요. (write) ➡️

4. 우리는 만두를 먹고 있어요. (eat dumplings) ➡️

현재진행형 부정문

01 읽으면서 이해한다

> 지금 울고 있는 거야?
>
> I'm crying not.
>
> 휴~ 놀랬잖아. 지금처럼 '~하고 있지 않다'라고 말할 때는 'be동사+not+-ing'으로 하면 돼.
>
> I'm not playing이나 I'm not listening처럼.
>
> I'm not crying. 하품 해서 눈물이 났어. 진짜야.
>
> 알지! 너는 외로워도 슬퍼도 울지 않아. 배고플 때만 울지. I am not laughing.
>
> 왜 웃는 거 같지…

더보기 • 현재진행형 부정문은 '~하고 있지 않다'라는 의미로 be동사 뒤에 not을 넣어 'be동사+not+-ing'형태로 씁니다.
• be동사는 줄여서 I'm not, You're not 혹은 You aren't, He/She's not 혹은 He/She isn't로 씁니다.

02 정리하며 외운다

be동사 + not + -ing

I'm not crying. 나는 울고 있는 거 아니야.	**We are not playing chess.** 우리는 체스를 하고 있지 않아요.
He's not watering the plant. 그는 화분에 물을 주고 있지 않아요.	**You aren't listening to me.** 너희들은 내 말을 듣고 있지 않구나.
It is not digging in the garden. 그것은 정원을 파고 있지 않아요.	**They aren't working now.** 그들은 지금 일하고 있지 않아요.

01 보고 고르기만 하면 된다   그림을 보고 알맞는 표현에 표시하세요.

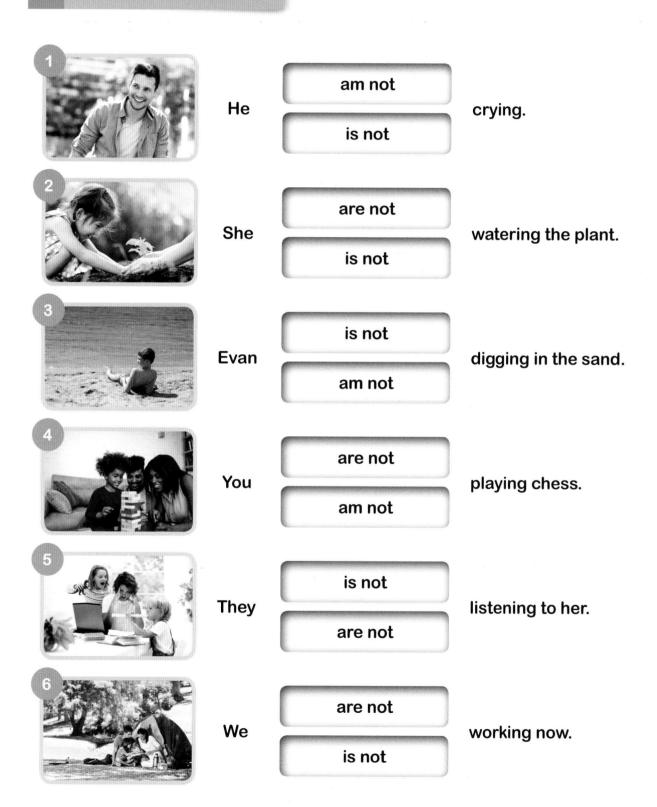

1

He | am not | crying.
   | is not |

2

She | are not | watering the plant.
   | is not |

3

Evan | is not | digging in the sand.
   | am not |

4

You | are not | playing chess.
   | am not |

5

They | is not | listening to her.
   | are not |

6

We | are not | working now.
   | is not |

02 단어만 넣으면 된다

알맞은 be동사의 부정형을 찾아 동그라미한 다음 문장을 완성하세요.

1 The baby [   ] crawling.

　　is not　　am not

2 She [   ] watering flowers.

　　are not　　is not

3 They [   ] hugging each other.

　　am not　　are not

4 He [   ] fixing his car.

　　is not　　am not

03 틀린 것만 고치면 된다

영어 문장의 틀린 부분을 표시하고 맞게 고쳐 쓰세요.

1 **She is not makeing the bed.**
그녀는 침대를 정리하고 있지 않아요. → [   ]

2 **We do not playing volleyball.**
우리는 배구를 하고 있지 않아요. → [   ]

3 **He are not flying a kite.**
그는 연을 날리고 있지 않아요. → [   ]

4 **You not are holding a box.**
너는 상자를 들고 있지 않네. → [   ]

5 **They are not joging.**
그들은 조깅을 하고 있지 않아요. → [   ]

04 순서만 맞추면 된다
단어의 순서를 맞춰 문장을 만들어 보세요.

1 | are | They | eating lunch | not ➡

2 | pushing a cart | He | not | is ➡

3 | She | working today | is | not ➡

4 | not | I | looking at you | am ➡

05 문장만 만들면 된다
주어진 단어를 가지고 영작해 보세요.

1 나는 그를 기다리고 있지 않아요. (wait for) ➡

2 그는 의자에 앉아 있지 않아요. (sit) ➡

3 메리는 공을 차고 있지 않아요. (kick) ➡

4 우리는 물을 마시고 있지 않아요. (drink water) ➡

현재진행형 의문문

01 읽으면서 이해한다

아악! 바퀴벌레야! 나 떨고 있지? 바퀴벌레 너무 싫어~

벌써 사라졌어

바퀴벌레도 갔으니 '나 떨고 있지?' 이걸로 현재진행형 의문문이나 만들어보자. 우선 be동사만 주어 앞으로 보내면 돼.

주어와 be동사의 위치가 바뀌는 거네.

Bingo! 'be동사+주어+-ing?'로 하면 돼.

Am I shaking? 그게 다시 나타났어.

이제 현재진행형은 잊을 수 없겠다.

더보기 • 현재진행형 의문문은 be동사를 주어 앞으로 보내서 be동사+주어+-ing?으로 만듭니다.
• 대답은 긍정일 때, Yes, 주어+am/are/is., 부정일 때 No, 주어+am/are/is+not.으로 하면 됩니다.

02 정리하며 외운다

be동사 + 주어 + -ing?

Am I shaking? 나 떨고 있지?	**Is it barking?** 그것은 짖고 있나요?
Are you talking on the phone? 너는 전화하고 있니?	**Are we pushing the right door?** 우리가 맞는 문을 밀고 있나요?
Is he pouring juice? 그는 주스를 따르고 있나요?	**Are they kicking a ball?** 그들은 공을 차고 있나요?

01 보고 고르기만 하면 된다   그림을 보고 질문에 알맞은 대답에 표시하세요.

Q Are you pouring juice?

A ☐ Yes, I am. ☐ No, I am not.

Q Are they pushing the door?

A ☐ Yes, they are. ☐ No, they aren't.

Q Is he kicking a ball?

A ☐ Yes, he is. ☐ No, he isn't.

Q Is the boy crying?

A ☐ Yes, he is. ☐ No, he isn't.

Q Is your sister talking on the phone?

A ☐ Yes, she is. ☐ No, she isn't.

Q Is the dog barking?

A ☐ Yes, it is. ☐ No, it isn't.

이것만 Practice

단어만 넣으면 된다   알맞은 be동사를 찾아 동그라미한 다음 문장을 완성하세요.

1 [_____] he walking with his mom? | Am | Are | Is |

2 [_____] you fishing in the lake? | Am | Are | Is |

3 [_____] they carrying the luggage? | Am | Are | Is |

4 [_____] Mary holding a cup? | Am | Are | Is |

03 **틀린 것만 고치면 된다**   영어 문장의 틀린 부분을 표시하고 맞게 고쳐 쓰세요.

1 **Am you going to school?**
너는 학교에 가고 있니?   ➡ [_____]

2 **Are he lying on the bed?**
그는 침대에 누워있나요?   ➡ [_____]

3 **Are they eat lunch?**
그들은 점심을 먹고 있나요?   ➡ [_____]

4 **Is Jane cut the grass?**
제인은 잔디를 깎고 있나요?   ➡ [_____]

5 **Is we waiting for Peter?**
우리는 피터를 기다리고 있나요?   ➡ [_____]

초등 영문법 이것만 하면 된다! ❷

순서만 맞추면 된다   단어의 순서를 맞춰 의문문을 만들어 보세요.

1   she | taking pictures | Is   ➡

2   hugging a cat | Are | you   ➡

3   he | Is | taking your order   ➡

4   Are | playing in the park | they   ➡

05 **문장만 만들면 된다**   주어진 단어를 가지고 영작해 보세요.

1   그는 캠핑을 하고 있니? (camp)   ➡

2   너는 아빠와 걷고 있니? (walk)   ➡

3   그들은 줄 서 있나요? (stand in line)   ➡

4   아기는 울고 있나요? (cry)   ➡

Review 01 Grammar Rule 1~6

A 그림과 알맞은 문장을 연결해 보세요.

1  •

2  •

3  •

4  •

• It is going to be sunny.

• He is going to climb the mountain.

• The man is taking a nap.

• The girl is not crying.

B 문장에 알맞은 단어를 넣어 문장을 완성해 보세요.

1 그는 엄마한테 전화하고 있나요? ➡ Is he _____ his mom?

2 그녀는 테니스를 하고 있지 않아요. ➡ She is _____ playing tennis.

3 그들은 피자를 먹고 있어요. ➡ They are _____ pizza.

4 그는 기타를 칠까요? ➡ _____ he going to play guitar?

5 나는 도서관을 방문할 거예요. ➡ I am _____ to visit the library.

C 대화문에 알맞은 단어를 넣어 문장을 완성해 보세요.

1 A: _____ it going to be hot?   B: No, it isn't.

2 A: _____ you buying milk?   B: Yes, I am.

3 A: Is Sally going to go fishing?   B: Yes, she _____.

4 A: Are they kicking a ball?   B: Yes, they _____.

D 다음 문장을 지시에 따라 긍정문, 부정문, 의문문으로 바꿔 써보세요.

1 I am drawing a picture. ➡ 부 _____
의 _____

2 My dog is barking. ➡ 부 _____
의 _____

3 Is she going to go to the dentist? ➡ 긍 _____

4 They are going to ride a bike. ➡ 부 _____
의 _____

be동사 과거형

01 읽으면서 이해한다

더보기 • be동사 과거형 was/were는 '~였다/~에 있었다'라는 뜻으로 주어가 단수일 때 was, 주어가 복수나 You일 때는 were를 써요.

02 정리하며 외운다

be동사의 과거형		
	단수	복수
1인칭	**I was at home yesterday.** 나는 어제 집에 있었어요.	**We were in the kitchen.** 우리는 부엌에 있었어요.
2인칭	**You were lucky.** 너는 운이 좋았다.	**You were late for school.** 너희들은 학교에 늦었어.
3인칭	**He was angry at her.** 그는 그녀에게 화가 났어요. **It was hot last week.** 지난주는 더웠어요.	**They were tired yesterday.** 그들은 어제 피곤했어요.

01 보고 고르기만 하면 된다

그림을 보고 내용과 상황에 적절한 말이면 O, 적절하지 않으면 X에 표시하세요.

1 She was at home. ➡

2 He was angry last night. ➡

3 Sue was late for school. ➡

4 It was very hot yesterday. ➡

5 They were in the kitchen. ➡

이것만 Practice

02 단어만 넣으면 된다
알맞은 be동사 과거형을 찾아 동그라미한 다음 문장을 완성하세요.

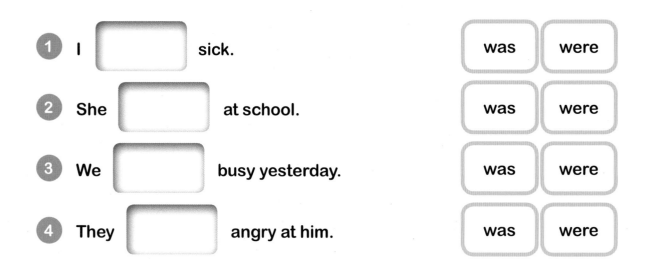

1. I [　　　] sick.　　was　were

2. She [　　　] at school.　　was　were

3. We [　　　] busy yesterday.　　was　were

4. They [　　　] angry at him.　　was　were

03 틀린 것만 고치면 된다
영어 문장의 틀린 부분을 표시하고 맞게 고쳐 쓰세요.

1. **She were very happy.**
   그녀는 아주 행복했어요. ➡ [　　　　　]

2. **We was at the restaurant.**
   우리는 식당에 있었어요. ➡ [　　　　　]

3. **He were late for the meeting.**
   그는 회의에 늦었어요. ➡ [　　　　　]

4. **You was so lazy.**
   너는 너무 게을렀어요. ➡ [　　　　　]

5. **I were in the kitchen.**
   나는 부엌에 있었어요. ➡ [　　　　　]

04 **순서만 맞추면 된다** 단어의 순서를 맞춰 문장을 만들어 보세요.

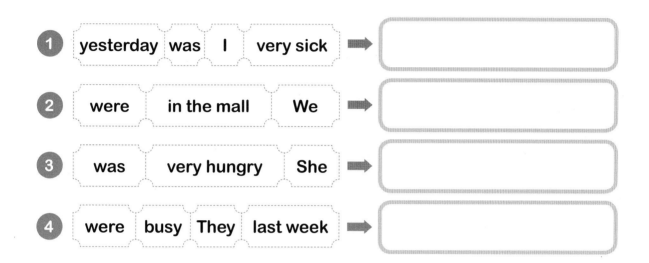

1 yesterday was I very sick ➡

2 were in the mall We ➡

3 was very hungry She ➡

4 were busy They last week ➡

05 **문장만 만들면 된다** 주어진 단어를 가지고 영작해 보세요.

1 어제 날씨가 추웠다. (cold) ➡

2 그는 부자였다. (rich) ➡

3 내 방은 지난주에는 깨끗했다. (clean) ➡

4 우리는 공원에 있었다. (in the park) ➡

be동사 과거형의 부정문

01 읽으면서 이해한다

> 너 괜찮아?
> 무섭지 않았어?

> 무섭지 않았어.
> I'm not scared.

> 근데 과거의 상태는 be동사의 과거형 was나 were를 써야 해. 부정문이니까 was/were 다음에 not을 붙이고.

> 하나씩 연습해 보자! was의 부정문은?

> be동사 뒤에 not을 붙이면 되니까 I was not.

> 문장으로 하면?

> I was not scared.
> 계속 할 수 있을 거 같아.
> I was not sleepy.
> I was not hungry.…

더보기 • be동사 과거형의 부정문은 '~였다/~에 있었다'라는 의미로 be동사 다음에 not를 넣어 'was/were + not'의 형태로 씁니다. 'be동사 + not'은 줄여서 was not은 wasn't, were not은 weren't로 씁니다.

02 정리하며 외운다

	be동사의 과거형 + not	
	단수	**복수**
1인칭	**I was not scared.** 난 무섭지 않았어.	**We were not sleepy.** 우리는 졸리지 않았어요.
2인칭	**You were not kind.** 너는 친절하지 않았어.	**You were not in the library.** 너희들은 도서관에 있지 않았다.
3인칭	**It was not cold yesterday.** 어제는 춥지 않았어요.	**They were not hungry.** 그들은 배고프지 않았어요.

01 보고 고르기만 하면 된다

그림을 보고 알맞는 표현에 표시하세요.

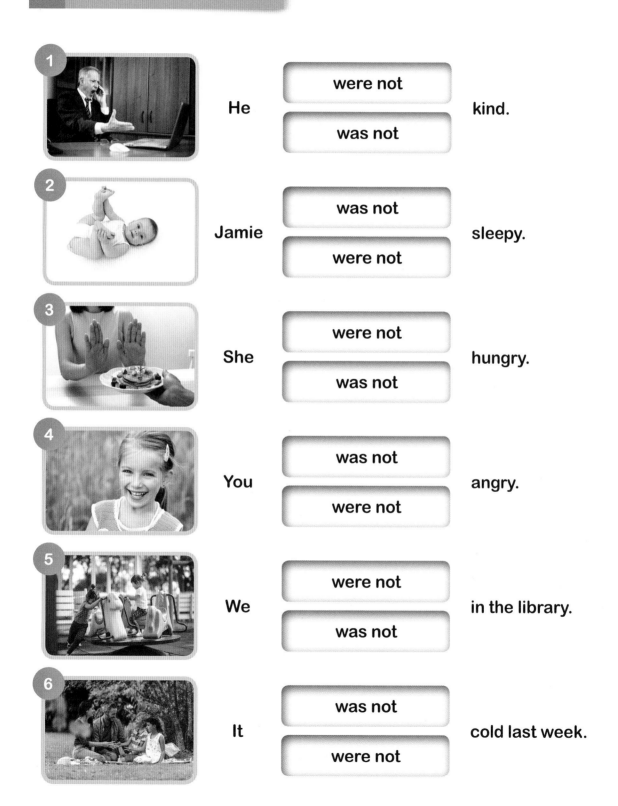

1 He [were not / was not] kind.

2 Jamie [was not / were not] sleepy.

3 She [were not / was not] hungry.

4 You [was not / were not] angry.

5 We [were not / was not] in the library.

6 It [was not / were not] cold last week.

02 단어만 넣으면 된다

알맞은 be동사 과거형의 부정형을 찾아 동그라미한 다음 문장을 완성하세요.

1 I [   ] angry.　　was not　were not

2 The movie [   ] fun.　　was not　were not

3 We [   ] in the restaurant.　　was not　were not

4 He [   ] poor.　　was not　were not

03 틀린 것만 고치면 된다

영어 문장의 틀린 부분을 표시하고 맞게 고쳐 쓰세요.

1 **He were not kind.**
그는 친절하지 않았어요.　　➡ [   ]

2 **We was not tired.**
우리는 피곤하지 않았어요.　　➡ [   ]

3 **I were not hungry.**
나는 배고프지 않았어요.　　➡ [   ]

4 **Betty were not a singer.**
베티는 가수가 아니었어요.　　➡ [   ]

5 **They was not delicious.**
그것들은 맛있지 않았어요.　　➡ [   ]

04 순서만 맞추면 된다

단어의 순서를 맞춰 문장을 만들어 보세요.

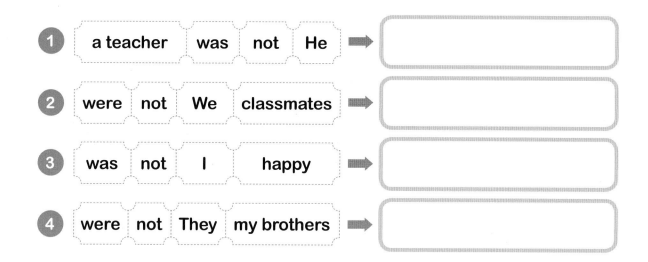

1 a teacher ｜ was ｜ not ｜ He ➡

2 were ｜ not ｜ We ｜ classmates ➡

3 was ｜ not ｜ I ｜ happy ➡

4 were ｜ not ｜ They ｜ my brothers ➡

05 문장만 만들면 된다

주어진 단어를 가지고 영작해 보세요.

1 어제 나는 화내지 않았어요. (angry) ➡

2 그녀는 교실에 있지 않았어요.
(in the classroom) ➡

3 그는 바쁘지 않았어요. (busy) ➡

4 그것은 햄스터가 아니었어요. (a hamster) ➡

be동사 과거형의 의문문

01 읽으면서 이해한다

더보기 • 대답은 긍정일 때, Yes, 주어+was/were, 부정일 때 No, 주어+was/were+not으로 하면 됩니다. was/were+not은 줄여서 wasn't/weren't으로 쓰기도 해요.

02 정리하며 외운다

	be동사 과거형 + 주어?	
	단수	복수
1인칭	**Was I bad?** 내가 나빴어요?	**Were we slow?** 우리가 느렸어요?
2인칭	**Were you safe?** 너는 안전했니?	**Were you at school?** 너희들은 학교에 있었니?
3인칭	**Was it big?** 그것은 컸어요?	**Were the dresses expensive?** 드레스들은 비쌌어요?

01 보고 고르기만 하면 된다   그림을 보고 알맞은 문장에 표시하세요.

Q ☐ Was he bad?
   ☐ Were he bad?

A Yes, he was.

Q ☐ Was they slow?
   ☐ Were they slow?

A No, they weren't.

Q ☐ Was she wet?
   ☐ Were she wet?

A Yes, she was.

Q ☐ Was it expensive?
   ☐ Were it expensive?

A No, it wasn't.

Q ☐ Was he sad?
   ☐ Were he sad?

A Yes, he was.

02 단어만 넣으면 된다

알맞은 be동사 과거형을 찾아 동그라미한 다음 문장을 완성하세요.

1 [   ] you safe?   Was   Were

2 [   ] he sad?   Was   Were

3 [   ] they in the hospital?   Was   Were

4 [   ] it small?   Was   Were

03 틀린 것만 고치면 된다

영어 문장의 틀린 부분을 표시하고 맞게 고쳐 쓰세요.

1 Were he in the garden?
그는 정원에 있었나요?
➡ [   ]

2 Was they rich?
그들은 부자였나요?
➡ [   ]

3 Were she a pilot?
그녀는 조종사였나요?
➡ [   ]

4 Was you angry?
너는 화났었니?
➡ [   ]

5 Were the book heavy?
그 책은 무거웠나요?
➡ [   ]

04 순서만 맞추면 된다

단어의 순서를 맞춰 의문문을 만들어 보세요.

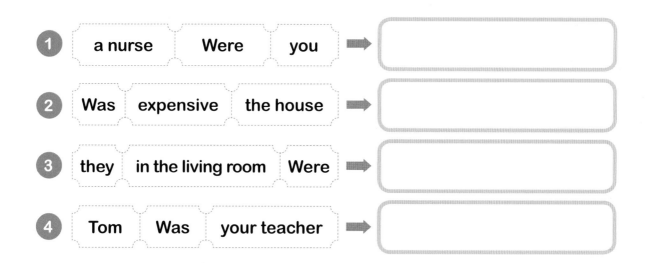

1　a nurse　Were　you　➡

2　Was　expensive　the house　➡

3　they　in the living room　Were　➡

4　Tom　Was　your teacher　➡

05 문장만 만들면 된다

주어진 단어를 가지고 영작해 보세요.

1　너는 슬펐니? (sad)　➡

2　그 장소는 안전했나요? (safe)　➡

3　가방은 비쌌나요? (expensive)　➡

4　해리(Harry)는 방에 있었나요? (in his room)　➡

일반동사 과거형의 규칙변화

01 읽으면서 이해한다

더보기 · 일반동사 중 규칙적으로 변하는 과거형은 보통 -ed를 붙입니다. 이 외에도 e로 끝나는 동사는 -d, y로 끝나는 경우에는 y를 i로 고치고 -ied, 모음+자음으로 끝나는 경우는 쌍자음+-ed를 붙입니다.

02 정리하며 외운다

	일반동사 과거형의 규칙변화
대부분의 동사	I walked to school. 나는 걸어서 학교에 갔어.
e로 끝나는 동사	He moved to a new city. 그는 새 도시로 이사를 갔어. She lived in the city. 그녀는 도시에 살았어요.
y로 끝나는 동사	We studied hard. 우리는 열심히 공부했어요.
모음+자음으로 끝나는 동사	They stopped at the traffic lights. 그들은 신호 앞에서 멈췄어요.

01 보고 고르기만 하면 된다

그림을 보고 내용과 상황에 적절한 말이면 O, 적절하지 않으면 X에 표시하세요.

1 I moved to a new house. ➡

2 He lived in the city. ➡

3 We stopped at the traffic lights. ➡

4 Anna studied hard. ➡

5 She walked to school. ➡

이것만 Practice

02 문장만 바꾸면 된다
다음 문장을 일반동사 과거형을 써서 바꿔 써보세요.

1. She watches a movie. ➡
2. I take a math test. ➡
3. We play soccer. ➡
4. They plan a trip. ➡

03 틀린 것만 고치면 된다
영어 문장의 틀린 부분을 표시하고 맞게 고쳐 쓰세요.

1. He visiteed his uncle.
그는 그의 삼촌을 방문했어요. ➡

2. They playied baseball.
그들은 야구를 했어요. ➡

3. She livd in Jeju island.
그녀는 제주도에 살았어요. ➡

4. I studyed science.
나는 과학을 공부했어요 ➡

5. The baby cryed all night.
그 아기는 밤새 울었어요. ➡

04 순서만 맞추면 된다

단어의 순서를 맞춰 문장을 만들어 보세요.

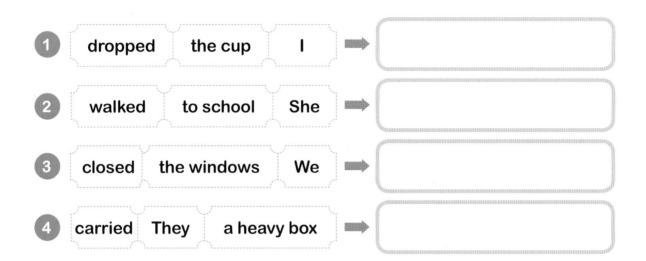

1 dropped | the cup | I ➡

2 walked | to school | She ➡

3 closed | the windows | We ➡

4 carried | They | a heavy box ➡

05 문장만 만들면 된다

주어진 단어를 가지고 영작해 보세요.

1 우리는 걸어서 학교에 갔어요. (walk) ➡

2 아빠가 케이크를 구우셨어요. (bake) ➡

3 내가 컴퓨터를 떨어뜨렸어요. (drop) ➡

4 우리는 크게 울었어요. (cry loudly) ➡

일반동사 과거형의 불규칙 변화

01 읽으면서 이해한다

더보기 · 일반동사 과거형을 만들 때 대부분은 -ed만 붙이면 되는데 이런 규칙을 따르지 않고 마음대로 변하는 동사들이 있어요. 일정한 규칙이 없는 이 동사들은 나올 때마다 그때 그때 외워두면 좋아요.

02 정리하며 외운다

일반동사 과거형의 불규칙 변화		
come 오다 – came	**give** 주다 – gave	**make** 만들다 - made
sing 노래하다 – sang	**eat** 먹다 – ate	**do** 하다 – did
go 가다 – went	**break** 깨뜨리다 – broke	**write** 쓰다 – wrote
see 보다 – saw	**have** 먹다, 가지다 – had	**buy** 사다 – bought
read 읽다 – read	**cut** 자르다 – cut	**hit** 치다 – hit

01 보고 고르기만 하면 된다

그림을 보고 내용과 상황에 적절한 말이면 O, 적절하지 않으면 X에 표시하세요.

1 My dad read a book today. ➡ ○ ✕

2 I saw a penguin. ➡ ○ ✕

3 We had some kites. ➡ ○ ✕

4 He hit a ball. ➡ ○ ✕

5 She broke the window. ➡ ○ ✕

이것만 **Practice**

02 문장만 바꾸면 된다   다음 문장을 일반동사의 과거형으로 바꿔 써보세요.

1 She sings a song. ➡

2 I have dinner with my family. ➡

3 They break the rules. ➡

4 They do their homework. ➡

03 틀린 것만 고치면 된다   영어 문장의 틀린 부분을 표시하고 맞게 고쳐 쓰세요.

1 She gived me the tape. ➡
그녀는 나에게 테이프를 줬어요.

2 I goed to the museum. ➡
나는 박물관에 갔어요.

3 They buyed some candies. ➡
그들은 사탕을 좀 샀어요.

4 We runed to the tree. ➡
우리는 나무까지 뛰어갔어요.

5 Sue maked a kite yesterday. ➡
수는 연을 어제 만들었어요.

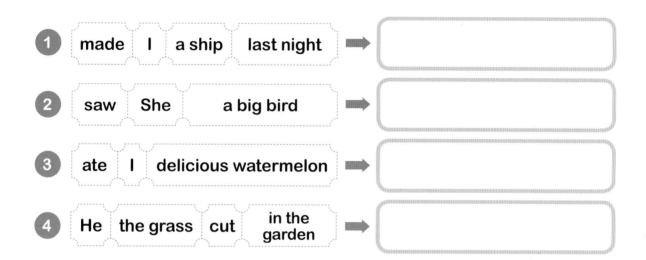

04 **순서만 맞추면 된다**   단어의 순서를 맞춰 문장을 만들어 보세요.

1 made ┃ I ┃ a ship ┃ last night ➡

2 saw ┃ She ┃ a big bird ➡

3 ate ┃ I ┃ delicious watermelon ➡

4 He ┃ the grass ┃ cut ┃ in the garden ➡

05 **문장만 만들면 된다**   주어진 단어를 가지고 영작해 보세요.

1 그는 공을 쳤어요. (hit) ➡

2 그녀는 어제 집에 일찍 왔어요. (come) ➡

3 그들은 버스정류장까지 달려갔어요. (run) ➡

4 우리는 함께 노래를 불렀어요. (sing) ➡

일반동사 과거형의 부정문

01 읽으면서 이해한다

더보기
- 일반동사 과거형의 부정문은 '~하지 않았다'는 의미로 'did not+동사원형'으로 나타내요.
- did not 다음에는 항상 동사원형을 써야 합니다. did not은 줄여서 didn't로도 씁니다.

02 정리하며 외운다

did not(=didn't) + 동사원형

I did not watch a movie.
나는 영화를 보지 않았어.

She did not cry.
그녀는 울지 않았어요.

It did not jump.
그것은 점프를 하지 않았어요.

You did not make noise.
너희들은 떠들지 않았어.

We did not have ducks.
우리는 오리를 키우지 않았어요.

They did not cut the paper in half.
그들은 종이를 반으로 자르지 않았어요.

01 보고 고르기만 하면 된다

그림을 보고 알맞는 표현에 표시하세요.

1

I

did not run

did not ran

to school.

2

Oliver

did not ate

did not eat

breakfast.

3

The baby

did not cried

did not cry

all night.

4

The rabbit

did not jumped

did not jump

.

5

We

did not make

did not made

noise at the theater.

6

She

did not watch

did not watched

TV.

02 문장만 바꾸면 된다   다음 문장을 일반동사 과거형의 부정문으로 바꿔 써보세요.

1 He had two cats.   ➡

2 They drank hot tea.   ➡

3 She called her friend.   ➡

4 We visited Spain.   ➡

03 틀린 것만 고치면 된다   영어 문장의 틀린 부분을 표시하고 맞게 고쳐 쓰세요.

1 My mom did not made potato soup.
엄마는 감자 수프를 만들지 않았어요.   ➡

2 They did not danced together.
그들은 함께 춤추지 않았어요.   ➡

3 He did drink not apple juice.
그는 사과 주스를 마시지 않았어요.   ➡

4 I do not buy a new doll.
나는 새 인형을 사지 않았어요.   ➡

5 We did see not the elephant.
우리는 그 코끼리를 보지 않았어요.   ➡

순서만 맞추면 된다   단어의 순서를 맞춰 문장을 만들어 보세요.

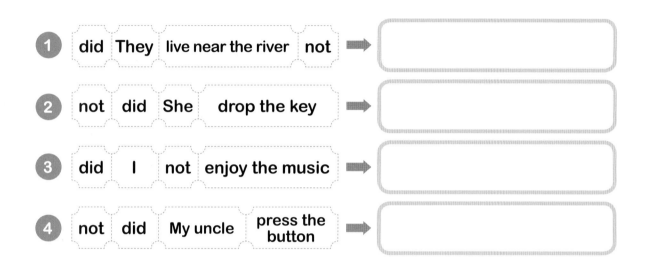

1 did They live near the river not ➡

2 not did She drop the key ➡

3 did I not enjoy the music ➡

4 not did My uncle press the button ➡

05 **문장만 만들면 된다**   주어진 단어를 가지고 영작해 보세요.

1 나는 학교에 달려가지 않았어요. (run) ➡

2 그들은 점심을 먹지 않았어요. (eat) ➡

3 그녀는 떠들지 않았어요. (make noise) ➡

4 그것은 점프를 하지 않았어요. (jump) ➡

일반동사 과거형의 의문문

01 읽으면서 이해한다

더보기
- 일반동사 과거형의 의문문은 '~였니?, ~했니?'라는 뜻으로 'Did+주어+동사원형~?'으로 나타내요.
- 대답은 긍정일 때는 Yes, 주어+did., 부정일 때는 No, 주어+did not(= didn't)라고 답합니다.

02 정리하며 외운다

Did + 주어 + 동사원형?

Did you call me last night? 네가 지난 밤에 나에게 전화 했어?	**Did she walk with her dad?** 그녀는 아빠하고 걸었어요?
Did you play baseball yesterday? 너 어제 야구 했니?	**Did they miss the train?** 그들이 기차를 놓쳤어요?
Did he go to a zoo? 그는 동물원에 갔어?	**Did they come to the party?** 그들은 파티에 왔어요?

01 보고 고르기만 하면 된다

그림을 보고 알맞은 문장에 표시하세요.

1

Q Did he miss the train?

A ☐ Yes, he did. ☐ No, he didn't.

2

Q Did she come to a party?

A ☐ Yes, she did. ☐ No, she didn't.

3

Q Did they walk with their dog?

A ☐ Yes, they did. ☐ No, they didn't.

4

Q Did you play baseball?

A ☐ Yes, I did. ☐ No, I didn't.

5

Q Did they go to a zoo?

A ☐ Yes, they did. ☐ No, they didn't.

02 문장만 바꾸면 된다

다음 문장을 일반동사 과거형의 의문문으로 바꿔 써보세요.

1 She read a card last night. ➡

2 I went to the office. ➡

3 We walked to school. ➡

4 He had a black bike. ➡

03 틀린 것만 고치면 된다

영어 문장의 틀린 부분을 표시하고 맞게 고쳐 쓰세요.

1 Did you exercised every day?
너는 매일 운동을 했어? ➡

2 Did the frog eated the fly?
그 개구리는 파리를 먹었니? ➡

3 Did they had a birthday party?
그들은 생일 파티를 했어요? ➡

4 Did he living in Singapore?
그는 싱가포르에 살았어요? ➡

5 We did made cookies?
우리가 쿠키를 만들었어요? ➡

순서만 맞추면 된다   단어의 순서를 맞춰 의문문을 만들어 보세요.

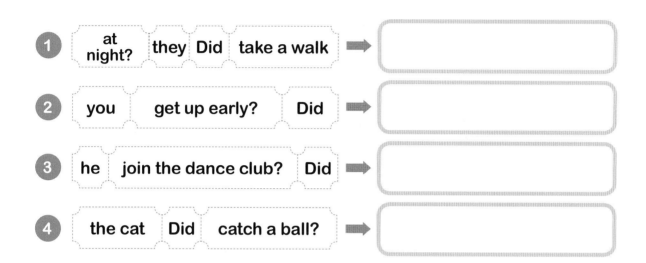

1 at night? they Did take a walk ➡

2 you get up early? Did ➡

3 he join the dance club? Did ➡

4 the cat Did catch a ball? ➡

05 **문장만 만들면 된다**   주어진 단어를 가지고 영작해 보세요.

1 그 개는 밤에 짖었나요? (bark) ➡

2 그들은 어제 농구를 했어요? (play basketball) ➡

3 그녀는 기차를 놓쳤어요? (miss) ➡

4 우리가 빨리 달렸어요? (run fast) ➡

A 그림과 알맞은 문장을 연결해 보세요.

1  • • He was at school.

2  • • My family moved to a new house.

3  • • She was not sick.

4  • • My brother and I played games.

B 문장에 알맞은 단어를 넣어 문장을 완성해 보세요.

1 나는 울지 않았어요. ➡ I _____ cry.

2 너는 어제 파티에 왔었니? ➡ _____ you come to the party?

3 그는 배우였어요? ➡ _____ he an actor?

4 우리는 가게에 있었어요. ➡ We _____ in the store.

5 그녀는 배고프지 않았어요. ➡ She _____ hungry.

C 대화문에 알맞은 단어를 넣어 문장을 완성해 보세요.

1
A: _____ the rabbit slow?   B: No, it wasn't.

2
A: _____ he walk with his dad?   B: Yes, he did.

3
A: Were the bags expensive?   B: Yes, they _____.

4
A: Did they go to a bakery?   B: No, they _____.

D 다음 문장을 지시에 따라 긍정문, 부정문, 의문문으로 바꿔 써보세요.

1 We did not miss the train.
➡
긍
의

2 She had have lunch.
➡
부
의

3 He was busy.
➡
부
의

4 They were angry.
➡
부
의

의문사 what

01 읽으면서 이해한다

더보기 · What은 '무엇'이라는 뜻이며 의문사로 시작하는 의문문은 Yes/No로 답할 수 없습니다.
· 'What+동사+주어~?'의 형태로 나올 때는 일반동사는 do를 사용하고 be동사나 조동사는 what 다음에 바로
나오면 됩니다.

02 정리하며 외운다

	What + 동사 + 주어 ~?	대답
be 동사	**What's your favorite color?** 네가 가장 좋아하는 색깔은 무엇이니?	**I like red.** 나는 빨강이 좋아.
조동사	**What can you play?** 너는 무엇을 연주할 수 있니?	**I can play the piano.** 나는 피아노를 연주할 수 있어.
일반동사	**What does he want to eat?** 그는 무엇을 먹고 싶어해?	**He wants to eat pizza.** 그는 피자가 먹고 싶대.

Practice

01 보고 고르기만 하면 된다

그림을 보고 질문에 알맞은 문장에 표시하세요.

1

Q What is your favorite color?

A
- [ ] I like yellow.
- [ ] I like to play soccer.

2

Q What can she play?

A
- [ ] She can play the violin.
- [ ] She can play the piano.

3

Q What does he want to eat?

A
- [ ] He wants to eat pizza.
- [ ] He wants to eat a hamburger.

4

Q What is your favorite toy?

A
- [ ] My favorite toy is cars.
- [ ] My favorite toy is Lego.

5

Q What do you like to buy there?

A
- [ ] I like to buy a bag.
- [ ] I like to buy a pencil.

02 단어만 넣으면 된다

알맞은 동사를 찾아 동그라미한 다음 문장을 완성하세요.

1 [_____] is your favorite season?   What   Where

2 [_____] can we learn from animals?   Why   What

3 [_____] does he want to eat?   Who   What

4 [_____] is your address?   What   Where

03 틀린 것만 고치면 된다

영어 문장의 틀린 부분을 표시하고 맞게 고쳐 쓰세요.

1 **When is her favorite toy?**
그녀가 가장 좋아하는 장난감은 무엇이니?   ➡   [_____]

2 **Do what you want to buy?**
너는 무얼 사고 싶니?   ➡   [_____]

3 **Who are you doing?**
너는 무얼 하고 있니?   ➡   [_____]

4 **What he like to eat?**
그는 무엇을 먹고 싶니?   ➡   [_____]

04 순서만 맞추면 된다

단어의 순서를 맞춰 의문문을 만들어 보세요.

1　is　What　she　doing　➡

2　you　want to see　do　What　➡

3　can　What　play　you　➡

4　is　his　favorite game　What　➡

05 문장만 만들면 된다

주어진 단어를 가지고 영작해 보세요.

1　그는 무엇을 하는 중인가요? (doing)　➡

2　당신이 가장 좋아하는 음식은 무엇인가요? (favorite food)　➡

3　당신의 취미는 무엇인가요? (hobby)　➡

4　그녀는 무엇을 사고 싶어하나요? (buy)　➡

의문사 which

01 읽으면서 이해한다

더보기 • 의문사 which는 정해진 범위에서 '어느 것'을 고를 때 사용합니다.
• Which 다음에 명사가 오면 형용사처럼 쓰입니다.

02 정리하며 외운다

Which + 동사~, A or B? 정해진 범위에서 고를 때 사용	Which + 명사~? 명사와 함께 사용
Which do you like better, cars or buses? 자동차와 버스 중 어느 것이 더 좋아?	Which bus goes to the school? 어느 버스가 학교로 가나요?
Which do you want to get, a pen or a ruler? 펜과 자 중에 어느 것을 가지고 싶니?	Which color do you like better? 어느 색깔이 더 좋아?
Which are you going to choose, this or that? 이것과 저것 중에 어느 것을 고를거니?	Which song are you going to sing? 어느 노래를 부를 거야?

01 보고 고르기만 하면 된다 　그림을 보고 알맞은 표현에 표시하세요.

1

Which color

Which song

do you like?

2

Which fruit

Which bus

are you going to buy?

3

Which cup

Which car

do you like?

4

Which toys

Which shoes

are you wearing?

5

Which ring

Which hat

is yours?

02 단어만 넣으면 된다
알맞은 의문사를 찾아 동그라미한 다음 문장을 완성하세요.

1 [ ] bus goes to your home? Which Who

2 [ ] color do you like better, red or yellow? When Which

3 [ ] do you like better, dolls or cars? When Which

4 [ ] fruit do you like better, apples or bananas? Which How

03 틀린 것만 고치면 된다
영어 문장의 틀린 부분을 표시하고 맞게 고쳐 쓰세요.

1 When do you like better, blue or yellow?
너는 어느 것이 더 좋니, 파랑 또는 노랑? ➡ [ ]

2 Who do you want to get, glasses or sunblock?
너는 어느 것을 갖고 싶니, 안경 또는 선로션? ➡ [ ]

3 Where are you going to choose, this or that?
너는 어느 것을 선택할 거니, 이것 또는 저것? ➡ [ ]

5 How song are you going to sing?
너는 어느 노래를 부를 거니? ➡ [ ]

04 순서만 맞추면 된다

단어의 순서를 맞춰 의문문을 만들어 보세요.

1 do you like Which movie ➡

2 Which cup you are going to buy ➡

3 you wearing are Which one ➡

4 yours is Which hat ➡

05 문장만 만들면 된다

주어진 단어를 가지고 영작해 보세요.

1 너는 어느 장난감을 사고 싶니? (toy) ➡

2 너는 어느 치마를 입고 싶니? (wear, skirt) ➡

3 너는 어느 책을 읽을 예정이니? (read, book) ➡

4 어느 버스가 도서관을 가니? (library) ➡

의문사 when

01 읽으면서 이해한다

더보기
- 의문사 when(언제)은 시각, 요일, 월 등을 물을 때 쓰고 what time(몇 시)은 정확한 시각을 물을 때 사용합니다.
- 의문사 다음에 '동사+주어'가 오면 의문사가 들어간 의문문이 됩니다.

02 정리하며 외운다

When + 동사 + 주어~?	대답
When does your class start? 수업은 언제 시작해?	**It starts on Monday.** 월요일에 시작해.
When is your birthday? 생일이 언제야?	**My birthday is in August.** 내 생일은 8월에 있어.
When do you usually sleep? 너는 보통 언제 잠드니?	**I usually sleep at 10 o'clock.** 나는 보통 10시에 자.

01 보고 고르기만 하면 된다   그림을 보고 질문에 알맞은 문장에 표시하세요.

1

Q When does your project finish?

A ☐ It finishes on Friday.
☐ It finishes on Monday.

2

Q When is your birthday?

A ☐ Let's meet at 10 o'clock.
☐ My birthday is August 9th.

3

Q When does she go to bed?

A ☐ She goes to bed at 9 o'clock.
☐ Yes, she does.

4

Q When do you go to school?

A ☐ I like to go to school.
☐ I go to school at 8 o'clock.

5

Q When is Parents' Day?

A ☐ Parents' Day is May 8th.
☐ I like Parents' Day.

02 단어만 넣으면 된다   알맞은 의문사를 찾아 동그라미한 다음 문장을 완성하세요.

1 ☐ is your birthday?   Who / When

2 ☐ does the class finish?   How / When

3 ☐ do you usually eat dinner?   When / What

4 ☐ do you go to school?   When / Which

03 틀린 것만 고치면 된다   영어 문장의 틀린 부분을 표시하고 맞게 고쳐 쓰세요.

1 **Who is Parents' Day?**
어버이날이 언제인가요?   ➡ ☐

2 **Why does he go to bed?**
그는 언제 잠자리에 드니?   ➡ ☐

3 **What does she go to the library?**
그녀는 언제 도서관에 가니?   ➡ ☐

5 **Who is your birthday?**
너의 생일은 언제니?   ➡ ☐

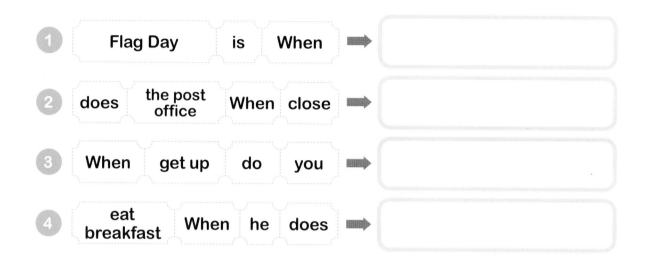

04 순서만 맞추면 된다
단어의 순서를 맞춰 의문문을 만들어 보세요.

1. Flag Day | is | When ➡
2. does | the post office | When | close ➡
3. When | get up | do | you ➡
4. eat breakfast | When | he | does ➡

05 문장만 만들면 된다
주어진 단어를 가지고 영작해 보세요.

1. 너는 언제 점심을 먹니? (lunch) ➡
2. 그녀는 언제 드럼을 치니? (drum) ➡
3. 너의 학교는 언제 시작하니? (start) ➡
4. 너는 언제 잠이 드니? (go to sleep) ➡

이것만

Grammar Rule 17

의문사 who

01 읽으면서 이해한다

더보기
- 의문사 다음에 '동사+주어'가 오면 의문사가 들어간 의문문이 됩니다. 이때 의문사 who는 '누구'라는 뜻입니다.
- 의문사가 주어인 경우에는 '의문사 + 동사' 순서가 됩니다.

02 정리하며 외운다

Who + be동사 + 주어~?	대답
Who are you? 누구세요?	**I am your new English teacher.** 나는 네 새로운 영어 선생님이야.
Who is this? 이 사람은 누구야?	**This is my sister.** 이 사람은 내 여동생이야.
Who made the pasta? 누가 파스타를 만들었어?	**My mom made the pasta.** 우리 엄마가 파스타를 만들었어.

Practice

01 보고 고르기만 하면 된다 그림을 보고 대답에 알맞은 문장에 표시하세요.

1

Q ☐ Who is she?
☐ What is it?

A She is my new math teacher.

2

Q ☐ What are you doing?
☐ Who is making the plane?

A My father is making it.

3

Q ☐ Who is the girl?
☐ What is it?

A She is my friend, Jenny.

4

Q ☐ Who are they?
☐ How are they?

A They are my classmates.

5

Q ☐ Who is going to the library?
☐ Which do you like better?

A Tom is going to the library.

02 단어만 넣으면 된다
알맞은 의문사를 넣어 문장을 완성하세요.

1 [   ] are you?　　　　When　Who

2 [   ] is making the pizza?　　　　Which　Who

3 [   ] is this?　　　　Who　Which

4 [   ] is she?　　　　When　Who

03 틀린 것만 고치면 된다
영어 문장의 틀린 부분을 표시하고 맞게 고쳐 쓰세요.

1 **When are you?**
너는 누구니?
➡ [   ]

2 **What is playing soccer?**
누가 축구를 하고 있니?
➡ [   ]

3 **Who she is?**
그녀는 누구니?
➡ [   ]

4 **When is singing the song?**
누가 그 노래를 부르고 있니?
➡ [   ]

04 **순서만 맞추면 된다** 단어의 순서를 맞춰 의문문을 만들어 보세요.

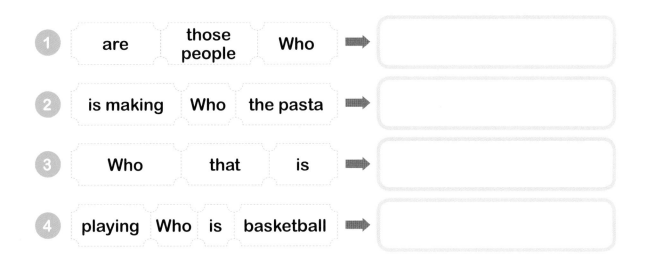

1 are | those people | Who ➡

2 is making | Who | the pasta ➡

3 Who | that | is ➡

4 playing | Who | is | basketball ➡

05 **문장만 만들면 된다** 주어진 단어를 가지고 영작해 보세요.

1 그는 누구인가요? (he) ➡

2 누가 케이크를 굽고 있나요? (bake a cake) ➡

3 이 소년은 누구인가요? (this boy) ➡

4 누가 춤을 추고 있나요? (dancing) ➡

의문사 why

01 읽으면서 이해한다

더보기
- 의문사 다음에 '동사+주어'가 오면 의문사가 들어간 의문문이 됩니다. 의문사 why는 이유를 물어볼 때 사용하면 '왜~?'라는 뜻입니다.
- 대답할 때는 'Because+주어+동사'로 대답하며 because는 '~때문에'라는 뜻입니다.

02 정리하며 외운다

Why + 동사 + 주어~?	대답
Why are you late? 당신은 왜 늦었나요?	**Because I got up late.** 늦게 일어났기 때문이예요.
Why does the dog bark? 개는 왜 짖을까?	**Because the dog wants to say something.** 개가 무언가 말하고 싶으니까.
Why do you look sad? 너는 왜 슬퍼 보이지?	**Because I failed the exam.** 시험에서 떨어져서 그래.

01 **보고 고르기만 하면 된다** 그림을 보고 질문에 알맞은 문장에 표시하세요.

1

Q Why are you late?

A ☐ Because I got up late.
☐ Because I like to play soccer.

2

Q Why do you look happy?

A ☐ Because I won the game.
☐ Because I failed the exam.

3

Q Why does the bird sing?

A ☐ Because it is happy.
☐ Because I go to school.

4

Q Why do you want to buy that dress?

A ☐ Because it is sunny.
☐ Because it is pretty.

5

Q Why are you sad?

A ☐ Because I like it.
☐ Because I am sick.

02 단어만 넣으면 된다
알맞은 의문사를 넣어 문장을 완성하세요.

1. [____] is he late?　　Why　Who

2. [____] do you look tired?　　Why　Which

3. [____] does your dog hate me?　　Who　Why

4. [____] are you taking this class?　　Why　When

03 틀린 것만 고치면 된다
영어 문장의 틀린 부분을 표시하고 맞게 고쳐 쓰세요.

1. **Where are you late?**
너는 왜 늦니?
➡ [____]

2. **What does the dog bark?**
개가 왜 짖니?
➡ [____]

3. **When do you want to go there.**
너는 거기에 왜 가고 싶니?
➡ [____]

4. **How is he tired?**
그는 왜 피곤하니?
➡ [____]

순서만 맞추면 된다   단어의 순서를 맞춰 문장을 만들어 보세요.

1. Because / late / got up / I ➡

2. she / you / does / love / Why ➡

3. are / you / Why / angry ➡

4. he / Because / is / smart ➡

05 **문장만 만들면 된다**   주어진 단어를 가지고 영작해 보세요.

1. 그는 왜 영어를 공부하나요? (study English) ➡

2. 왜 하늘은 밤에 어두울까? (dark, at night) ➡

3. 너는 왜 슬프니? (sad) ➡

4. 그녀는 왜 춤을 추고 있나요? (is dancing) ➡

의문사 how

01 읽으면서 이해한다

더보기
- how는 '어떻게, 어떤' 이라는 뜻으로 방법이나 사람의 기분이나 상태를 물을 때 사용합니다.
- 의문사 다음에 '동사+주어'가 오면 의문사가 들어간 의문문이 됩니다.
- 셀 수 없는 명사일때는 how much를, 셀 수 있는 명사일때는 how many를 사용합니다.

02 정리하며 외운다

How + 동사 + 주어~?	How + much/many ~?
Q: How do you go to school? 학교에 어떻게 가니?	**Q: How many books do you have?** 너는 책이 몇 권 있니?
A: I go to school by bus. 나는 학교에 버스 타고 간다.	**A: I have five books.** 나는 책이 다섯 권이 있다.
Q: How are you? 오늘 기분이 어때?	**Q: How much is it?** 그것은 얼마인가요?
A: I am good. 좋아요.	**A: It's 5 dollars.** 5달러예요.

01 보고 고르기만 하면 된다 | 그림을 보고 질문에 알맞은 문장에 표시하세요.

1

Q How do you go to school?

A ☐ I go to there by bus. ☐ I like to go there.

2

Q How many apples do you have?

A ☐ It's 1 dollar. ☐ I have 5 apples.

3

Q How much is the bag?

A ☐ It's 20 dollars. ☐ I go there by taxi.

4

Q How much milk did you drink?

A ☐ I didn't have 5 books. ☐ I didn't drink much milk.

5

Q How are you?

A ☐ I'm great. ☐ I am eating lunch.

02 **단어만 넣으면 된다** 알맞은 단어를 넣어 문장을 완성하세요.

1. ☐ many pencils do you have? What / How

2. ☐ is he? When / How

3. How ☐ juice do you want? many / much

4. How ☐ friends do you have? many / much

03 **틀린 것만 고치면 된다** 영어 문장의 틀린 부분을 표시하고 맞게 고쳐 쓰세요.

1. **When do you go to school?**
   너는 학교에 어떻게 가니? ➡ ☐

2. **Where is she?**
   그녀는 어떠니? ➡ ☐

3. **How much books does he have?**
   그는 몇 권의 책이 있니? ➡ ☐

4. **What much is it?**
   그것은 얼마예요? ➡ ☐

순서만 맞추면 된다 단어의 순서를 맞춰 의문문을 만들어 보세요.

1 is | How | she ➡️ _____

2 the book | How | is | much ➡️ _____

3 many | books | How | do you have ➡️ _____

4 do | you | go to school | How ➡️ _____

05 **문장만 만들면 된다** 주어진 단어를 가지고 영작해 보세요.

1 너는 돈이 얼마나 있니? (much) ➡️ _____

2 저 티켓은 얼마인가요? (ticket) ➡️ _____

3 박물관에는 어떻게 가니? (museum) ➡️ _____

4 너는 쿠키를 얼마나 가지고 있니? (cookies) ➡️ _____

A 그림과 알맞은 문장을 연결해 보세요.

1  • • How many pencils do you have?

2  • • Who is playing the piano?

3  • • What's your favorite food?

4  • • Which do you like better, red or blue?

B 문장에 알맞은 표현을 넣어 문장을 완성해 보세요.

1 어떻게 학교에 가니? ➡ _____ you go to school?

2 어느 책이 너의 것이니? ➡ _____ is yours?

3 왜 너는 수업에 늦었니? ➡ _____ you late for the class?

4 그는 누구니? ➡ _____ he?

5 너는 언제 점심을 먹니? ➡ _____ you eat luch?

C 대화문에 알맞은 단어를 넣어 문장을 완성해 보세요.

1 A: _____ is she?   B: She is my Grandma.

2 A: Why do you like him?   B: _____ he is kind.

3 A: _____ are you?   B: I'm good.

4 A: _____ is your birthday?   B: It's January 10th.

D 다음 질문에 대한 여러분만의 답을 써보세요.

1 How many pens do you have? ➡ I have _____.

2 When do you usually get up? ➡ I get up _____.

3 What's your favorite food? ➡ My favorite food is _____.

4 How much money do you have? ➡ I have _____.

형용사

01 읽으면서 이해한다

> **더보기** • 형용사는 명사 앞에 와서 '형용사+명사'의 형태로 쓰여요.
> Ex) I like a pink dress. 나는 분홍색 드레스를 좋아해요.
> • 형용사는 be동사 뒤에서 '주어+be동사+형용사'의 형태가 되면 주어의 모양, 상태, 성질 등을 설명해요.
> Ex) This building is tall. 이 건물은 높아요.

02 정리하며 외운다

색깔		크기/형태		외모		성격/감정	
blue 파란색	**red** 빨간색	**small** 작은	**big** 큰	**pretty** 예쁜	**ugly** 못생긴	**kind** 친절한	**smart** 똑똑한
pink 분홍색	**yellow** 노랑색	**long** 긴	**short** 짧은	**thin** 마른	**fat** 살이 찐	**full** 배부른	**hungry** 배고픈
white 하얀색	**black** 검은색	**round** 둥근	**square** 정사각형의	**old** 나이든	**young** 젊은	**sad** 슬픈	**happy** 행복한

01 보고 고르기만 하면 된다   내용과 일치하면 일치하지 않으면 에 표시하세요.

1 a red car

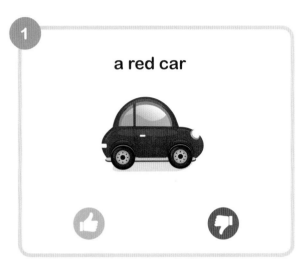

2 a pretty doll

3 a happy girl

4 a round table

5 a short pencil

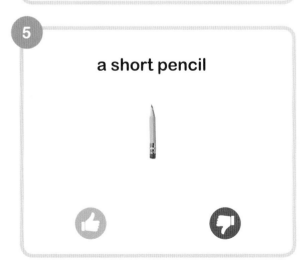

6 an old man

02 단어만 넣으면 된다

알맞은 형용사를 찾아 동그라미한 다음 문장을 완성하세요.

1	둥근	There is a ⬚ box.	round	square
2	검은색의	I have a ⬚ cat.	white	black
3	긴	The snake is ⬚ .	short	long
4	살이 찐	My dog is ⬚ .	fat	thin

03 틀린 것만 고치면 된다

영어 문장의 틀린 부분을 표시하고 맞게 고쳐 쓰세요.

1. **I have a bag blue.**
   나는 파란색 가방이 있어요. ➡

2. **He kind is.**
   그는 친절해요. ➡

3. **She lives in a house big.**
   그녀는 아주 큰 집에 살아요. ➡

4. **They meet a girl pretty.**
   그들은 예쁜 소녀를 만나요. ➡

5. **A hungry cat angry is.**
   배가 고픈 고양이는 화가 나 있어요. ➡

순서만 맞추면 된다 단어의 순서를 맞춰 문장을 만들어 보세요.

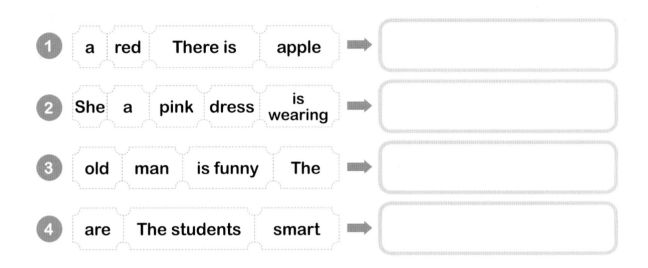

1 a red There is apple ➡

2 She a pink dress is wearing ➡

3 old man is funny The ➡

4 are The students smart ➡

05 **문장만 만들면 된다** 주어진 단어를 가지고 영작해 보세요.

1 그 아기는 아주 예뻐요. (The baby) ➡

2 노란색 버스가 한 대 있어요. (There is) ➡

3 한 젊은 남자가 걷고 있어요. (walk) ➡

4 내 연필은 짧아요. (short) ➡

부사

01 읽으면서 이해한다

더보기
- 부사는 동사, 형용사, 다른 부사를 더 자세히 설명해 주는 말이에요.
- 동사를 꾸밀 때는 동사의 앞이나 뒤에 올 수 있지만, 형용사나 다른 부사를 꾸밀 때는 앞에 옵니다.
- 대부분 형용사에 -ly를 붙여서 부사를 만들어요. 하지만 y로 끝나는 형용사는 y를 i로 고치고 -ly를 붙입니다.

02 정리하며 외운다

	형용사 - 부사	형용사 - 부사	형용사 - 부사
대부분의 경우	**slow – slowly** 느린　　느리게	**quick – quickly** 빠른　　빠르게	**sad – sadly** 슬픈　　슬프게
	safe – safely 안전한　　안전하게	**quiet – quietly** 조용한　　조용히	**beautiful – beautifully** 아름다운　　아름답게
-y로 끝나는 경우	**easy – easily** 쉬운　　쉽게	**lucky – luckily** 운이 좋은　운이 좋게	**happy – happily** 행복한　　행복하게

Practice

01 보고 고르기만 하면 된다   형용사는 adj, 부사는 ad라고 표시하세요.

1
ad

slowly

2
adj

happy

3

sadly

4

luckily

5
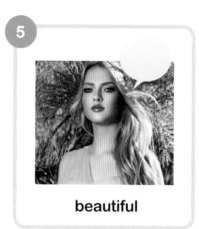
beautiful

6

safe

7

quietly

8

careful

9
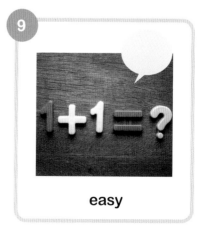
easy

02 단어만 넣으면 된다 알맞은 부사를 넣어 문장을 완성하세요.

1 Sarah cried [   ] .

2 She solved it [   ] .

3 The man drove [   ] .

4 Everyone, listen [   ] .

quiet	quietly
easy	easily
safely	safe
carefully	careful

03 틀린 것만 고치면 된다 영어 문장의 틀린 부분을 표시하고 맞게 고쳐 쓰세요.

1 **She did her homework quick.**
그녀는 숙제를 빨리 했어요.
➡ [   ]

2 **They talked quiet in class.**
그들은 수업 시간에 작게 말했어요.
➡ [   ]

3 **He read books slow.**
그는 책을 천천히 읽었어요.
➡ [   ]

4 **I made a box ease.**
나는 상자를 쉽게 만들었어요.
➡ [   ]

5 **We looked at the ants careful.**
우리는 개미를 주의 깊게 봤어요.
➡ [   ]

04 순서만 맞추면 된다

단어의 순서를 맞춰 문장을 만들어 보세요.

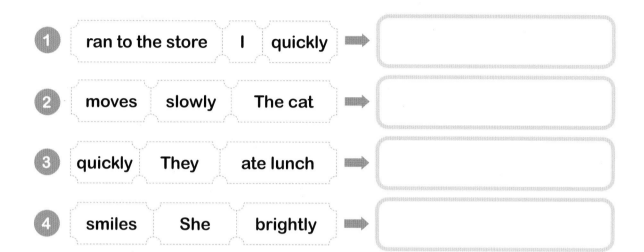

1 ran to the store | I | quickly ➡️

2 moves | slowly | The cat ➡️

3 quickly | They | ate lunch ➡️

4 smiles | She | brightly ➡️

05 문장만 만들면 된다

주어진 단어를 가지고 영작해 보세요.

1 아이들이 조용하게 놀았어요. (quietly) ➡️

2 그녀가 안전하게 집으로 왔어요. (safely) ➡️

3 그들이 춤을 아름답게 췄어요. (beautifully) ➡️

4 우리는 천천히 걸었어요. (slowly) ➡️

비교급

01 읽으면서 이해한다

더보기
- '비교급'은 두 가지를 비교할 때 쓰고, '더 ~한'이라는 의미가 있어요.
- 비교급은 대부분 형용사나 부사에 -er을 붙여서 만듭니다. 형용사나 부사가 -y로 끝나는 경우에는 -y를 i로 고치고 -er, -e로 끝나는 경우에는 r, '단모음+단자음'으로 끝나는 경우에는 '쌍자음+-er'을 붙입니다.

02 정리하며 외운다

	원급 - 비교급	원급 - 비교급	원급 - 비교급
대부분의 경우	**tall** – taller 높은 더 높은	**short** – shorter 짧은 더 짧은	**strong** – stronger 강한 더 강한
-e로 끝나는 경우	**large** – larger 많은 더 많은	**nice** – nicer 좋은 더 좋은	**wide** – wider 넓은 더 넓은
단모음+단자음으로 끝나는 경우	**big** - bigger 큰 더 큰	**hot** – hotter 뜨거운 더 뜨거운	**fat** – fatter 살찐 더 살찐
-y로 끝나는 경우	**happy** – happier 행복한 더 행복한	**heavy** – heavier 무거운 더 무거운	**pretty** – prettier 예쁜 더 예쁜

01 보고 고르기만 하면 된다   그림에 알맞은 비교급을 고르세요.

1

☐ tallier   ☐ taller

2

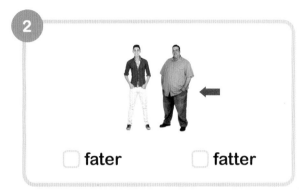

☐ fater   ☐ fatter

3

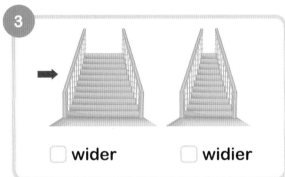

☐ wider   ☐ widier

4

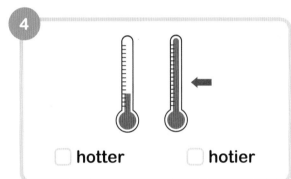

☐ hotter   ☐ hotier

5

☐ heavyer   ☐ heavier

6

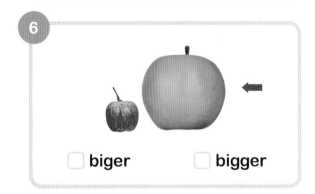

☐ biger   ☐ bigger

7

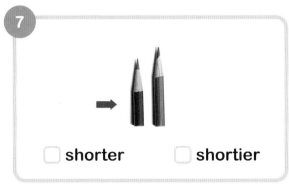

☐ shorter   ☐ shortier

8

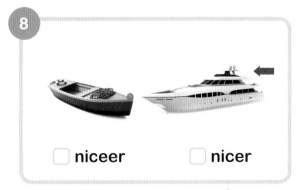

☐ niceer   ☐ nicer

이것만 Practice

02 단어만 넣으면 된다
알맞은 비교급을 넣어 문장을 완성하세요.

1. Claire is [   ] than you.

   taller   tallier

2. This cup is [   ] than that cup.

   largger   larger

3. Your bed is [   ] than my bed.

   wider   widder

4. My cat is [   ] than your cat.

   biger   bigger

03 틀린 것만 고치면 된다
영어 문장의 틀린 부분을 표시하고 맞게 고쳐 쓰세요.

1. **My brother is stronger me.**
   우리 오빠는 나보다 힘이 세요.
   ➡ [   ]

2. **His car is niceer than her car.**
   그의 차는 그녀의 차보다 더 좋아요.
   ➡ [   ]

3. **The tea is hot than the coffee.**
   차가 커피보다 더 뜨거워요.
   ➡ [   ]

4. **They are bigger then the foxes.**
   그것들은 여우보다 더 커요.
   ➡ [   ]

5. **My pencil is short than your pencil.**
   내 연필은 네 것보다 더 짧아.
   ➡ [   ]

04 순서만 맞추면 된다

단어의 순서를 맞춰 문장을 만들어 보세요.

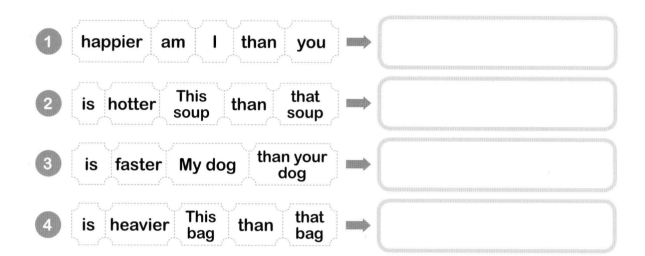

1 happier am I than you ➡

2 is hotter This soup than that soup ➡

3 is faster My dog than your dog ➡

4 is heavier This bag than that bag ➡

05 문장만 만들면 된다

주어진 단어를 가지고 영작해 보세요.

1 이 사과가 저 사과보다 더 커요. (bigger than) ➡

2 이 드레스가 저 드레스보다 더 예뻐요. (prettier than) ➡

3 이 차가 저 차보다 더 좋아요. (nicer than) ➡

4 바다가 강보다 더 넓어요. (wider than) ➡

A 그림과 알맞은 문장을 연결해 보세요.

1 •

• He is very kind.

2 •

• My dad drives a new car.

3 •

• I have a pink bag.

4 •

• The boy is very hungry.

B 다음 단어를 형용사를 부사로 바꿔 써보세요.

1 slow

2 safe

3 happy

4 careful

5 sad

6 beautiful

7 quick

8 easy

C 다음 괄호 안의 단어를 알맞은 비교급으로 바꿔 문장을 써보세요.

1 He is (tall) than Jack.

2 This car is (nice) than that car.

3 It is (large) than my house.

4 My dog is (big) than your dog.

D 다음 문장에 알맞은 단어를 넣어 완성해 보세요.

1 나는 노랑색 가방이 있어요. ➡ I have a _____ bag.

2 그 여자아이는 친절해요. ➡ The girl is _____.

3 우리 아빠는 안전하게 운전해요. ➡ My dad drives _____.

4 주의해서 들으세요. ➡ Please listen _____.

5 사자는 여우보다 커요. ➡ Lions are _____ than foxes.

6 프레디는 톰보다 더 힘이 쎄요. ➡ Freddie is _____ than Tom.

최상급

01 읽으면서 이해한다

오늘은 '최상급'에 대해서 배워보자. 'the+ 형용사est'는 '가장 ~한'이란 뜻이 되는 거야.

그럼 내가 한번 만들어 볼게. 내가 오늘 달리기 일등했으니까 I am the fastest.

오늘 신체검사를 했는데 내가 가장 키가 컸어. I am the tallest.

이렇게 너희들에게 영어를 가르쳐주니 내가 가장 똑똑해. I am the smartest!

더보기 · 짧은 형용사는 'the+ -est'로 최상급을 만들고 긴 형용사는 'the most+형용사'로 최상급을 만듭니다.
· '단모음+단자음'은 자음을 한 개 더 써서 쌍자음으로 최상급을 만듭니다. Ex) big ⇨ the biggest

02 정리하며 외운다

the + 짧은 형용사 + -est	the most + 긴 형용사
Tom is the smallest in my class. 톰은 우리 반에서 가장 키가 작다.	**This dress is the most expensive.** 이 드레스가 가장 비싸다.
Can I have the biggest box? 제일 큰 상자를 가질 수 있나요?	**It is the most interesting book.** 그것은 가장 재미있는 책이야.
This bike is the fastest. 이 자전거가 가장 빠르다.	**Math is the most difficult subject.** 수학이 가장 어려운 과목이다.

01 보고 고르기만 하면 된다

그림을 보고 문장과 일치하면 O, 일치하지 않으면 X에 표시하세요.

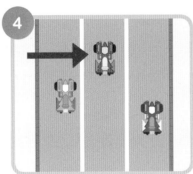

1 He is the smallest in my class. ➡ ○ ✕

2 The bag is the most expensive. ➡ ○ ✕

3 <Frozen> is the most interesting movie. ➡ ○ ✕

4 This car is the fastest. ➡ ○ ✕

5 English is the most difficult subject. ➡ ○ ✕

02 단어만 넣으면 된다

알맞은 최상급 표현을 넣어 문장을 완성하세요.

1. I am the [   ] in my class.

2. This car is [   ] fastest.

3. It was the [   ] popular movie.

4. That bag is the most [   ].

taller	tallest
the	a
most	more
big	expensive

03 틀린 것만 고치면 된다

영어 문장의 틀린 부분을 표시하고 맞게 고쳐 쓰세요.

1. **This bag is the prettier.**
   이 가방이 가장 예쁘다.

2. **Jane is a smallest in my class.**
   제인이 우리 반에서 가장 작다.

3. **Math is the interestingest subject.**
   수학은 가장 재미있는 과목이다.

4. **Can you give me the most big one?**
   내게 가장 큰 것을 줄 수 있니?

04 순서만 맞추면 된다   단어의 순서를 맞춰 문장을 만들어 보세요.

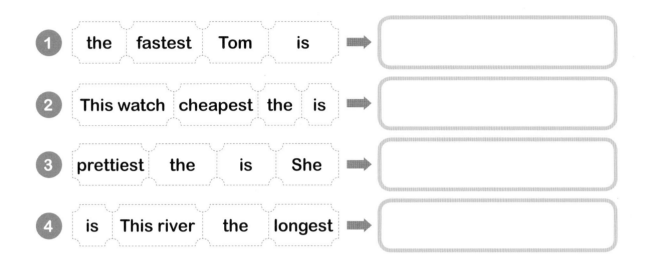

1 the | fastest | Tom | is ➡

2 This watch | cheapest | the | is ➡

3 prettiest | the | is | She ➡

4 is | This river | the | longest ➡

05 문장만 만들면 된다   주어진 단어를 가지고 영작해 보세요.

1 그가 전세계에서 가장 부자이다. (rich) ➡

2 이 문제가 가장 어려워요. (question) ➡

3 우리 엄마는 가장 중요한 사람이에요.
   (important person) ➡

4 나는 가장 나이가 많아요. (old) ➡

수량형용사 (many, much)

> **더보기**
> • 셀 수 있는 명사 앞에는 many를 붙이고, 셀 수 없는 명사 앞에는 much를 사용해서 '많은'이란 뜻을 나타냅니다.
> • much는 긍정문 보다는 부정문이나 의문문에 주로 쓰이며, 같은 뜻으로 쓰이는 a lot of는 수와 양 모두 쓸 수 있습니다.

many + 셀 수 있는 명사	**much** + 셀 수 없는 명사
She has many pencils. 그녀는 연필이 많다.	**Do you have much flour?** 너는 밀가루가 많이 있니?
Do you have many siblings? 너는 형제자매가 많니?	**We don't have much time to do that.** 우리는 그 일을 할 시간이 많이 없어요.
There are many strawberries. 딸기가 많이 있다.	**How much money do I pay?** 얼마나 많은 돈을 내야 하나요?

01 보고 고르기만 하면 된다

그림을 보고 알맞은 수량형용사를 고르세요.

1
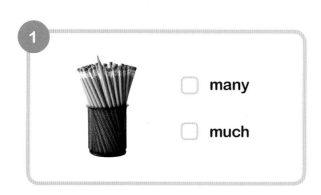
- ☐ many
- ☐ much

2

- ☐ many
- ☐ much

3

- ☐ many
- ☐ much

4

- ☐ many
- ☐ much

5
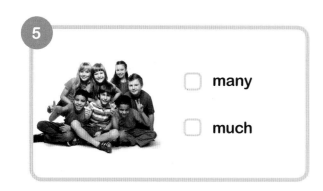
- ☐ many
- ☐ much

6
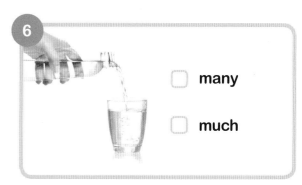
- ☐ many
- ☐ much

7

- ☐ many
- ☐ much

8

- ☐ many
- ☐ much

이것만 Practice

02 단어만 넣으면 된다

알맞은 수량형용사를 넣어 문장을 완성하세요.

1 I have [   ] pencils.   many · much

2 Do you have [   ] sisters?   many · much

3 There is not [   ] flour.   many · much

4 How [   ] money does he have?   many · much

03 틀린 것만 고치면 된다

영어 문장의 틀린 부분을 표시하고 맞게 고쳐 쓰세요.

1 I don't have many time.
나는 시간이 많이 없어요. →

2 How much erasers do you have?
너는 지우개가 몇 개 있니? →

3 There are much apples.
많은 사과가 있어요. →

4 We don't have many milk.
우리는 우유가 많이 없어요. →

순서만 맞추면 된다   단어의 순서를 맞춰 문장을 만들어 보세요.

1   many cars ｜ has ｜ He   ➡

2   much money ｜ Does ｜ she ｜ have   ➡

3   am going to ｜ I ｜ buy ｜ many cups   ➡

4   milk ｜ How much ｜ do you have   ➡

05 **문장만 만들면 된다**   주어진 단어를 가지고 영작해 보세요.

1   딸기가 많이 있다. (strawberries)   ➡

2   나는 많은 여동생이 있다. (sisters)   ➡

3   너는 일이 많니? (work)   ➡

4   그녀는 돈이 얼마나 있니? (money)   ➡

빈도부사
(always, sometimes, never)

01 읽으면서 이해한다

> 오늘은 '빈도부사'에 대해 배워볼까?
>
> 빈도부사가 뭐야?
>
> 빈도부사는 어떤 일이 얼마나 자주 일어나는지 말해주는 거야.
>
> 항상하는 일이나 상태는 always를 써. 너는 항상 하는 일이 뭐야?
>
> I always play the piano. 난 항상 피아노를 쳐.
>
> 그럼 가끔 하는 일은?
>
> 나는 가끔 자전거를 타. I sometimes ride a bike.
>
> 그럼 절대 안 하는 일은 뭐야?
>
> I never eat onions.
>
> 엥? 양파가 얼마 몸에 좋은데!

더보기
- 항상하는 일은 always, 가끔 하는 일은 sometimes, 절대 하지 않는 일은 never를 사용합니다.
- 빈도부사의 위치는 be동사나 조동사 뒤 또는 일반동사 앞에 옵니다.

02 정리하며 외운다

빈도부사	예문
always 항상 (100%)	**I always eat a sandwich for breakfast.** 나는 항상 아침으로 샌드위치를 먹는다.
sometimes 가끔 (50%)	**We sometimes go to the library.** 우리는 가끔 도서관에 간다.
never 절대~않다 (0%)	**They never watch TV after 10 o'clock.** 그들은 10시 이후에는 절대 TV를 보지 않는다.

01 보고 고르기만 하면 된다   그림을 보고 내용과 일치하면 O, 일치하지 않으면 X 표 하세요.

50%

0%

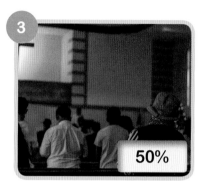
50%

100%

50%

1	We always go to school.	○ ✕
2	He never eats vegetables.	○ ✕
3	I always go to church on Sunday.	○ ✕
4	He never cleans his room.	○ ✕
5	He sometimes plays the guitar.	○ ✕

02 단어만 넣으면 된다　알맞은 단어를 넣어 문장을 완성하세요.

1 I _____ wear a tie at work. (100%)　　always　　sometimes

2 She _____ cleans her room. (50%)　　sometimes　　never

3 They _____ study on Saturday. (0%)　　always　　never

4 He _____ eats meat. (0%)　　never　　sometimes

03 틀린 것만 고치면 된다　영어 문장의 틀린 부분을 표시하고 맞게 고쳐 쓰세요.

1 They eat never fish.
그들은 절대 생선을 먹지 않아요.
➡ _____

2 She always eats pork for dinner.
그녀는 저녁으로 가끔 돼지고기를 먹어요.
➡ _____

3 I play always the violin every day.
나는 매일 항상 바이올린을 켜요.
➡ _____

4 He sometimes watches movies at night.
그는 밤에 절대 영화를 보지 않아요.
➡ _____

순서만 맞추면 된다   단어의 순서를 맞춰 문장을 만들어 보세요.

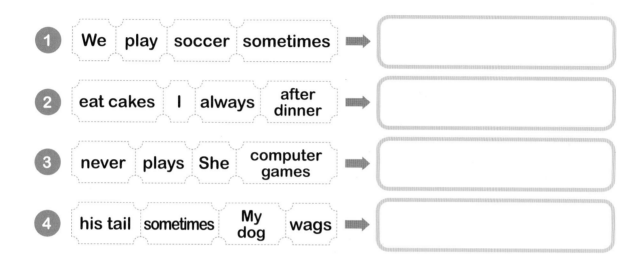

1 We | play | soccer | sometimes ➡

2 eat cakes | I | always | after dinner ➡

3 never | plays | She | computer games ➡

4 his tail | sometimes | My dog | wags ➡

05 **문장만 만들면 된다**   주어진 단어를 가지고 영작해 보세요.

1 그는 항상 점심으로 샌드위치를 먹는다. (for lunch) ➡

2 우리는 항상 매주 주말에 축구를 한다. (every weekend) ➡

3 그녀는 가끔 그녀의 교실을 청소한다. (classroom) ➡

4 너는 절대 나를 돕지 않는다. (help) ➡

시간 전치사 (in, at, on)

01 읽으면서 이해한다

더보기 연도, 월, 계절 등을 나타낼 때는 in, 요일 등을 나타낼 때는 on, 어느 한 시각을 나타내면 at을 사용해서 표현합니다.

02 정리하며 외운다

시간전치사	예문
in+연도, 월, 계절	**I was born in 2005.** 나는 2005년에 태어났다. **She met him in winter.** 그녀는 그를 겨울에 만났다.
on+날짜, 요일, 특정한 날	**My uncle will visit me on Christmas Day.** 우리 삼촌은 우리 집에 크리스마스에 방문할 것이다. **The museum closes on Monday.** 박물관은 월요일에 닫는다.
at+구체적인 시각	**My family always has dinner at 6 o'clock.** 우리 가족은 6시에 항상 저녁을 먹는다.

01 보고 고르기만 하면 된다   그림을 보고 알맞은 시간전치사를 고르세요.

1

- ☐ at
- ☐ in
- ☐ on

2
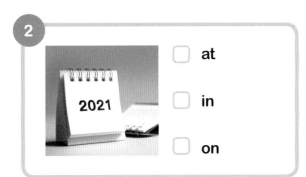

- ☐ at
- ☐ in
- ☐ on

3
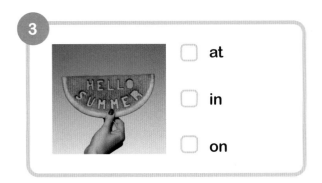

- ☐ at
- ☐ in
- ☐ on

4
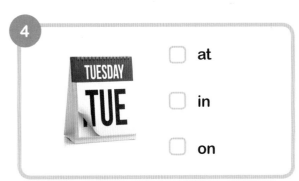

- ☐ at
- ☐ in
- ☐ on

5

- ☐ at
- ☐ in
- ☐ on

6
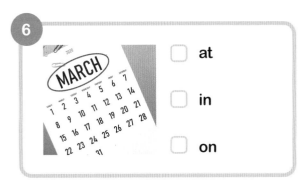

- ☐ at
- ☐ in
- ☐ on

7

- ☐ at
- ☐ in
- ☐ on

8
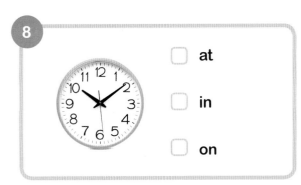

- ☐ at
- ☐ in
- ☐ on

02 단어만 넣으면 된다　　알맞은 전치사를 넣어 문장을 완성하세요.

1 She was born [　　] 2010.　　in　on

2 I will visit my grandpa [　　] Christmas Day.　　on　at

3 The library opens [　　] Sunday.　　in　on

4 My dad eats lunch [　　] 12 o'clock.　　at　in

03 틀린 것만 고치면 된다　　영어 문장의 틀린 부분을 표시하고 맞게 고쳐 쓰세요.

1 He met her on summer.
그는 여름에 그녀를 만났다.
➡

2 My birthday is at August.
내 생일은 8월에 있어요.
➡

3 I am going to visit him in Thanksgiving Day.
나는 추수감사절에 그를 방문할 것이다.
➡

4 Let's meet on 3 o'clock.
3시에 만나자.
➡

04 **순서만 맞추면 된다**   단어의 순서를 맞춰 문장을 만들어 보세요.

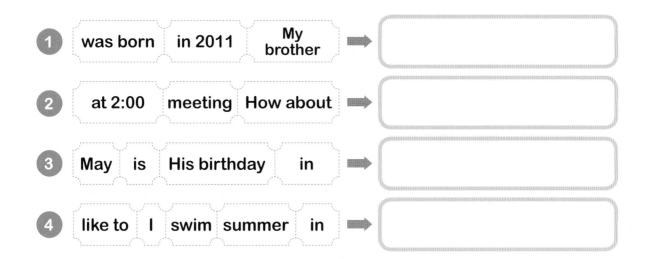

1 was born | in 2011 | My brother ➡

2 at 2:00 | meeting | How about ➡

3 May | is | His birthday | in ➡

4 like to | I | swim | summer | in ➡

05 **문장만 만들면 된다**   주어진 단어를 가지고 영작해 보세요.

1 나는 2012년에 태어났다. (was born) ➡

2 크리스마스에 만나는 게 어때? (How about~?) ➡

3 나는 매일 12시에 피아노를 친다. (every day) ➡

4 빵집은 월요일에 닫는다. (the bakery) ➡

이것만
Grammar Rule 27

장소 전치사 1 (in, on, under)

01 읽으면서 이해한다

더보기 위에는 'on', 안에는 'in', 아래는 'under'라는 장소 전치사를 사용합니다.

02 정리하며 외운다

장소 전치사	예문
in	**There are many eggs in the basket.** 많은 계란이 바구니 안에 있다. **The rabbit is in the basket.** 토끼가 바구니 안에 있어요.
on	**The cat is on the bed.** 고양이가 침대 위에 있다. **She is on the chair.** 그녀가 의자 위에 있어요.
under	**The soccer ball is under the bench.** 축구공이 벤치 아래에 있다. **It is under the table.** 그것은 탁자 아래에 있어요.

Practice

01 **보고 고르기만 하면 된다**   그림을 보고 알맞은 장소 전치사를 고르세요.

1

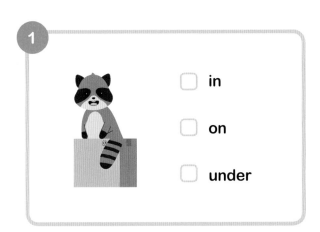

☐ in

☐ on

☐ under

2

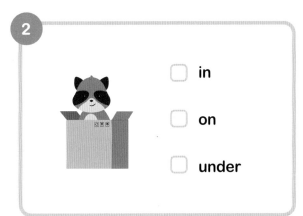

☐ in

☐ on

☐ under

3

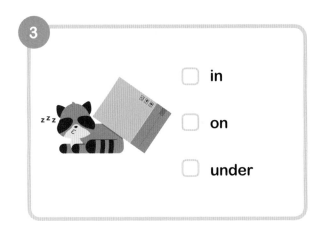

☐ in

☐ on

☐ under

4

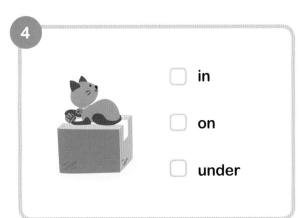

☐ in

☐ on

☐ under

5

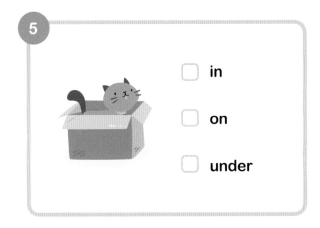

☐ in

☐ on

☐ under

6

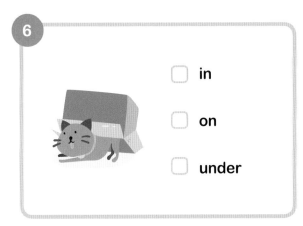

☐ in

☐ on

☐ under

이것만 Practice

02 단어만 넣으면 된다

그림을 보고 알맞은 장소 전치사를 넣어 문장을 완성하세요.

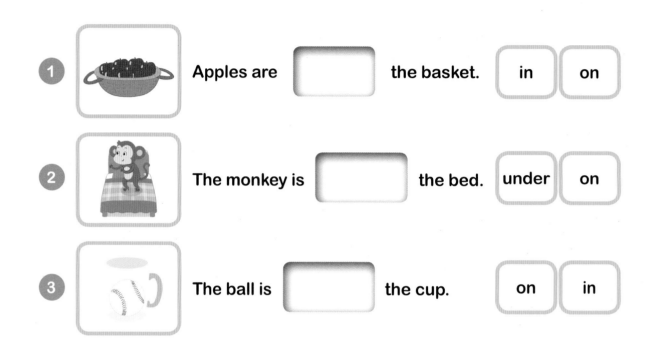

① Apples are [   ] the basket.   [in] [on]

② The monkey is [   ] the bed.   [under] [on]

③ The ball is [   ] the cup.   [on] [in]

03 틀린 것만 고치면 된다

영어 문장의 틀린 부분을 표시하고 맞게 고쳐 쓰세요.

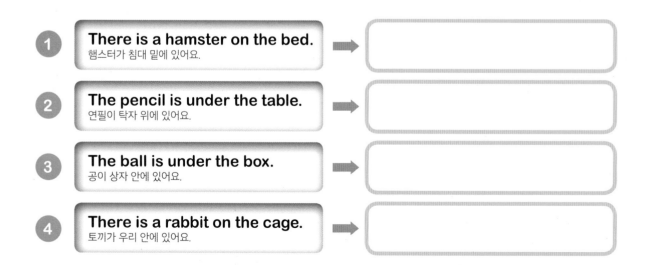

① There is a hamster on the bed.
햄스터가 침대 밑에 있어요.   ➡

② The pencil is under the table.
연필이 탁자 위에 있어요.   ➡

③ The ball is under the box.
공이 상자 안에 있어요.   ➡

④ There is a rabbit on the cage.
토끼가 우리 안에 있어요.   ➡

04 **순서만 맞추면 된다**   단어의 순서를 맞춰 문장을 만들어 보세요.

1   under | The bear | the tree | is ➡

2   It | on | the table | is ➡

3   the cage | in | The bird | is ➡

4   the table | under | is | The puppy ➡

05 **문장만 만들면 된다**   주어진 단어를 가지고 영작해 보세요.

1   강아지가 의자 밑에 있어요. (puppy, chair) ➡

2   내 여동생이 소파 위에 있어요. (sofa) ➡

3   햄스터가 우리 안에 있어요.(hamster) ➡

4   그는 침대 위에 있어요. (bed) ➡

장소 전치사 2
(in front of, behind, next to)

01 읽으면서 이해한다

더보기 in front of는 '~앞에', behind는 '~뒤에', next to는 '~옆에' 라는 뜻의 장소 전치사입니다.

02 정리하며 외운다

장소 전치사	예문
in front of	**The supermarket is in front of the library.** 수퍼마켓은 도서관 앞에 있다.
behind	**The children are behind the tree.** 어린이들이 나무 뒤에 있다.
next to	**My pencil case is next to the book.** 내 필통은 책 옆에 있다.

01 보고 고르기만 하면 된다

그림을 보고 알맞은 장소 전치사를 고르세요.

1
- ☐ in front of
- ☐ behind
- ☐ next to

2
- ☐ in front of
- ☐ behind
- ☐ next to

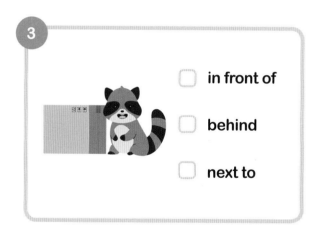

3
- ☐ in front of
- ☐ behind
- ☐ next to

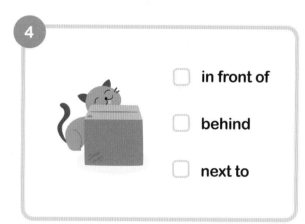

4
- ☐ in front of
- ☐ behind
- ☐ next to

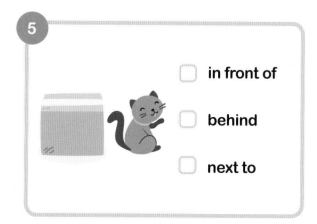

5
- ☐ in front of
- ☐ behind
- ☐ next to

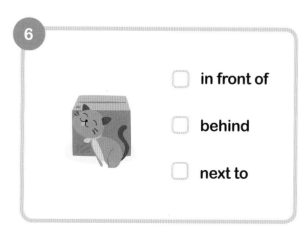

6
- ☐ in front of
- ☐ behind
- ☐ next to

02 단어만 넣으면 된다
그림을 보고 알맞은 장소 전치사를 넣어 문장을 완성하세요.

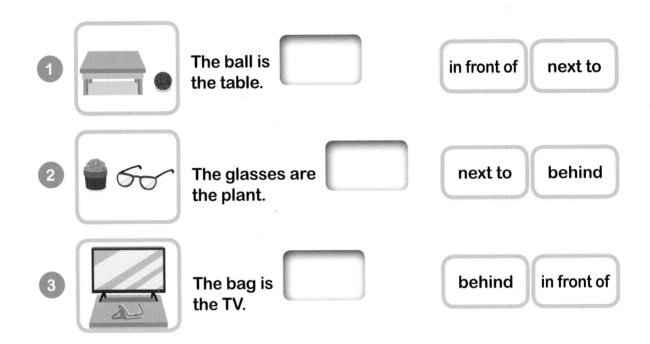

1. The ball is _____ the table. [in front of] [next to]

2. The glasses are _____ the plant. [next to] [behind]

3. The bag is _____ the TV. [behind] [in front of]

03 틀린 것만 고치면 된다
영어 문장의 틀린 부분을 표시하고 맞게 고쳐 쓰세요.

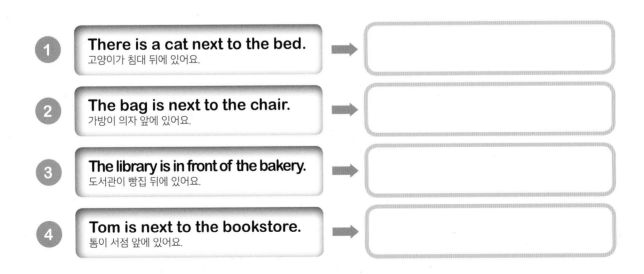

1. There is a cat next to the bed.
고양이가 침대 뒤에 있어요. ➡

2. The bag is next to the chair.
가방이 의자 앞에 있어요. ➡

3. The library is in front of the bakery.
도서관이 빵집 뒤에 있어요. ➡

4. Tom is next to the bookstore.
톰이 서점 앞에 있어요. ➡

04 순서만 맞추면 된다 · 단어의 순서를 맞춰 문장을 만들어 보세요.

1 | the bakery | The boy | in front of | is | ➡

2 | The doll | the chair | is | behind | ➡

3 | the tree | next to | She | is | ➡

4 | the TV | The monkey | behind | is | ➡

05 문장만 만들면 된다 · 주어진 단어를 가지고 영작해 보세요.

1 우체국은 수퍼마켓 뒤에 있어요. (the post office) ➡

2 컵은 연필 옆에 있어요. (the cup) ➡

3 강아지는 문 앞에 있어요. (the puppy) ➡

4 책 뒤에 안경이 있어요. (glasses) ➡

A 소녀가 어디에 있는지 그림과 알맞은 전치사를 연결해 보세요.

1 2 3 4

| on | in | next to | under |

B 대화문에 알맞은 단어를 넣어 문장을 완성해 보세요.

1 A: When are we going to meet? B: Let meet _____ 2 o'clock.

2 A: When were you born? B: I was born _____ 2000.

3 A: How _____ sisters do you have? B: I have no sister.

4 A: How _____ is it? B: It's 10 dollars.

C 그림을 보고 알맞은 전치사를 넣어 문장을 완성하세요.

1 The bakery is _____ the supermarket.

2 My jacket is _____ the laptop.

3 There is an apple _____ a banana.

D 다음 문장에 알맞은 단어를 넣어 완성해 보세요.

1 나는 절대 우유를 먹지 않아요. ➡ I _____ eat milk.

2 그는 항상 저녁으로 생선을 먹어요. ➡ He _____ eats fish for dinner.

3 그녀는 가끔 드럼을 친다. ➡ She _____ plays the drum.

4 가방이 침대 위에 있어요. ➡ The bag is _____ the bed.

5 상자 뒤에 소녀가 있어요. ➡ There is a girl _____ the box.

6 크리스마스에 만나자. ➡ Let's meet _____ Christmas Day.

감탄문

01 읽으면서 이해한다

> 와! 꽃이 너무 아름답다! 감탄할 때 사용하는 문장은 어떻게 만들어?

> what 감탄문은 'What+a+형용사+명사!'로 만들어.

> 내가 만들어볼게. What a beautiful flower!

> Good! how 감탄문은 'How+형용사+주어+동사!'로 만들어.

> How beautiful flower is!

> 와! 이제 감탄문은 다 공부했네! 똑똑하다.

> How smart I am!

더보기
- 감탄을 표현하거나 놀라움의 감정을 표현할 때 what이나 how로 시작하는 감탄문을 씁니다.
- 문장의 맨 마지막에는 느낌표를 써 줍니다.

02 정리하며 외운다

What + a + 형용사 + 명사!	**How + 형용사/부사(주어 + 동사)!**
What a cute baby! 정말 귀여운 아기구나!	**How** interesting the movie is! 정말 재미있는 영화구나!
What a good baseball player! 정말 뛰어난 야구선수구나!	**How** beautiful the butterfly is! 정말 아름다운 나비구나!
What a tall boy! 정말 키가 큰 소년이구나!	**How** fast! 정말 빠르구나!

01 보고 고르기만 하면 된다   그림을 보고 알맞는 표현에 표시하세요.

1 What   interesting / an interesting   book!

2 How   cute / a cute   the baby is!

3 What   a good / good   pianist!

4 How   beautiful / a beautiful   the flower is!

5 How   wonderful / a wonderful   !

02 단어만 넣으면 된다

알맞은 단어를 넣어 문장을 완성하세요.

1 [   ] a beautiful flower! → What | How

2 [   ] rich he is! → What | How

3 [   ] a pretty girl! → What | How

4 [   ] handsome! → What | How

03 틀린 것만 고치면 된다

영어 문장의 틀린 부분을 표시하고 맞게 고쳐 쓰세요.

1 What is a cute baby!
정말 귀여운 아이구나! → [   ]

2 How a good pianist!
정말 훌륭한 피아니스트구나! → [   ]

3 What interesting!
정말 재미있구나! → [   ]

4 How a good player!
정말 훌륭한 선수구나! → [   ]

138 초등 영문법 이것만 하면 된다! ❷

순서만 맞추면 된다   단어의 순서를 맞춰 감탄문을 만들어 보세요.

1   he   How   funny   is   ➡

2   tall   a   girl   What   ➡

3   How   it   pretty   is   ➡

4   a   good   What   movie   ➡

문장만 만들면 된다   주어진 단어를 가지고 How와 What의 감탄문을 영작해 보세요.

1   정말 잘생긴 소년이구나! (handsome)   ➡   How

2   정말 아름다운 드레스구나! (beautiful dress)   ➡   What

3   그녀는 정말 빠르구나! (fast)   ➡   How

4   정말 뛰어난 농구 선수구나! (basketball)   ➡   What

명령문

01 읽으면서 이해한다

> Close the window, please!
> 너무 추워.
>
> 뭐라고?
>
> 창문닫아 달라고!

> 영어 문장은 주어가 먼저 나와야 하는 거 아니야?
>
> 오, 맞아. 근데 명령문은 동사가 먼저 나와.

> 명령은 앞에 있는 사람에게 하는 거니까 주어를 생략하고 동사가 먼저 나오면 되는 거야.
>
> 아하! 그렇구나. 그럼 내가 명령문 하나 만들어볼게.

> Open the window, please!
> 난 덥다고!
>
> Close the window!
> 난 춥다고!

더보기
- 영어 문장은 주어로 시작하지만, 명령문의 경우 상대방에게 바로 말하는 것이므로 you를 생략하고 바로 동사부터 시작합니다.
- 명령문 뒤에 please를 붙이면 공손한 표현이 됩니다.

02 정리하며 외운다

Be 동사 명령문	일반동사 명령문
Be happy. 행복해라.	**Open the window.** 창문을 열어라.
Be quiet in the library. 도서관에서는 조용히 해라.	**Go straight ahead.** 앞으로 주욱 걸어라.
Be my friend, please. 내 친구가 되어주세요.	**Stand up, please.** 일어나세요.

01 **보고 고르기만 하면 된다** | 그림을 보고 알맞는 단어에 표시하세요.

1

Be

Do

happy!

2

Be

Go

straight ahead.

3

Be

Do

quiet in class.

4

Be

Stand

up, please.

5

Be

Open

the window!

02 단어만 넣으면 된다   알맞은 동사를 넣어 문장을 완성하세요.

1. _____ happy.

Do	Be

2. _____ the door.

Be	Open

3. _____ down, please.

Be	Sit

4. _____ patient.

Be	Do

03 틀린 것만 고치면 된다   영어 문장의 틀린 부분을 표시하고 맞게 고쳐 쓰세요.

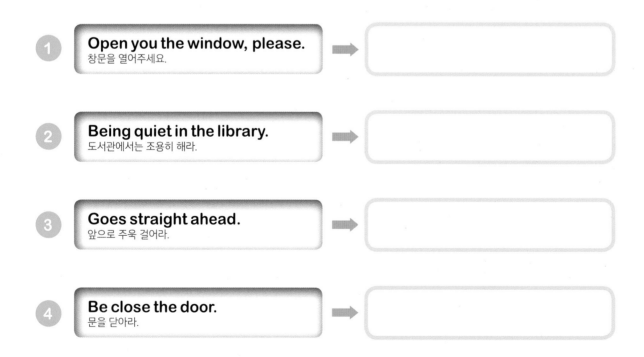

1. **Open you the window, please.**
   창문을 열어주세요.

2. **Being quiet in the library.**
   도서관에서는 조용히 해라.

3. **Goes straight ahead.**
   앞으로 주욱 걸어라.

4. **Be close the door.**
   문을 닫아라.

04 **순서만 맞추면 된다** 단어의 순서를 맞춰 명령문을 만들어 보세요.

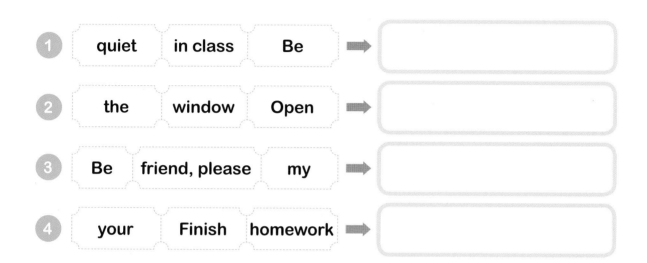

1 quiet in class Be ➡

2 the window Open ➡

3 Be friend, please my ➡

4 your Finish homework ➡

05 **문장만 만들면 된다** 주어진 단어를 가지고 영작해 보세요.

1 그 일을 빨리 끝내라. (finish) ➡

2 자리에 앉으세요. (sit, please) ➡

3 박물관에서는 조용해 해라. (museum) ➡

4 엄마를 도와줘라. (help) ➡

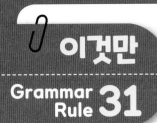
부정명령문

01 읽으면서 이해한다

> 그럼 부정명령문은 어떻게 만들어?
>
> 아주 쉽지! 명령문 앞에 Don't 만 붙이면 돼!.
>
> 그러면, 부정명령문 하나만 만들어 볼래?
>
> 음… Don't run in the classroom.
>
> 좋아!
>
> 그럼 '늦지마!'
>
> Don't late!
>
> 잘했는데 late 앞에 be동사가 나와야 해.
>
> Don't is late!
>
> Don't 다음에 동사원형이 나와야 해.
>
> Don't be late!
>
> 딩동댕!

더보기 · Be동사나 일반동사의 부정명령문은 Don't를 붙여서 만들고 뜻도 '~하지 마'가 됩니다.
· Don't 다음에는 동사원형이 옵니다.

02 정리하며 외운다

Don't be + 형용사	Don't + 일반동사의 동사원형
Don't be sad. 슬퍼하지 말아라.	**Don't take a bus.** 버스를 타지 말아라.
Don't be rude in front of the teacher. 선생님 앞에서 무례하게 굴지 말아라.	**Don't use my cell phone.** 내 휴대전화를 사용하지 말아라.
Don't be late for class. 수업에 늦지 말아라.	**Don't eat too much fast food.** 너무 많은 패스트푸드를 먹지 말아라.

01 보고 고르기만 하면 된다   그림을 보고 알맞는 표현에 표시하세요.

1

Don't | take | a taxi.
  | takes |

2

Don't | is | rude to your friends.
  | be |

3

Don't | are | late for class.
  | be |

4

Don't | uses | my pencil.
  | use |

5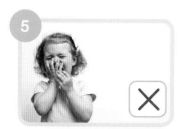

Don't | cry | .
  | crying |

이것만 Practice

02 단어만 넣으면 된다   알맞은 단어를 넣어 문장을 완성하세요.

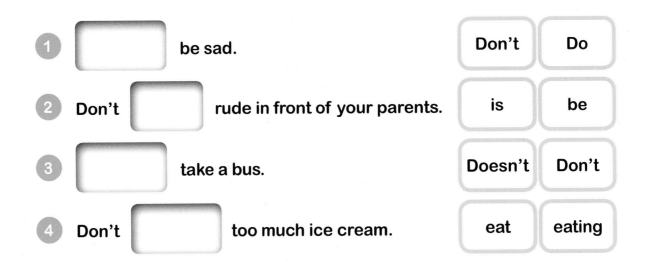

1. _____ be sad.
2. Don't _____ rude in front of your parents.
3. _____ take a bus.
4. Don't _____ too much ice cream.

Don't	Do
is	be
Doesn't	Don't
eat	eating

03 틀린 것만 고치면 된다   영어 문장의 틀린 부분을 표시하고 맞게 고쳐 쓰세요.

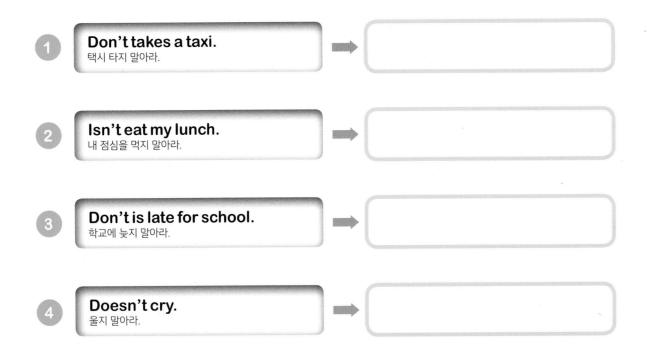

1. **Don't takes a taxi.**
   택시 타지 말아라.
   ➡

2. **Isn't eat my lunch.**
   내 점심을 먹지 말아라.
   ➡

3. **Don't is late for school.**
   학교에 늦지 말아라.
   ➡

4. **Doesn't cry.**
   울지 말아라.
   ➡

04 순서만 맞추면 된다

단어의 순서를 맞춰 문장을 만들어 보세요.

1 rude | be | Don't | to your friends ➡

2 run | in the classroom | Don't ➡

3 Don't | down | sit ➡

4 use | my textbook | Don't ➡

05 문장만 만들면 된다

주어진 단어를 가지고 영작해 보세요.

1 지하철을 타지 말아라. (subway) ➡

2 밤에는 바이올린을 연주하지 말아라. (at night) ➡

3 혼자 가지 말아라. (alone) ➡

4 할아버지 앞에서 무례하게 굴지 말아라. (grandpa) ➡

비인칭주어 it

01 읽으면서 이해한다

더보기
- 시간, 날짜, 요일, 거리, 날씨 등을 나타낼 때 비인칭주어 it을 사용합니다.
- 비인칭 주어 it은 특별한 뜻이 없습니다.

02 정리하며 외운다

용법	예문
시간	It's 9:30. 9시 30분이야.
요일	It's Monday. 월요일이야.
거리	It's 5 km from my house. 우리 집에서 5킬로미터야.
날씨	It's sunny today. 오늘 해가 난다.
날짜	It's August 28. 8월 28일이야.

Practice

01 **보고 고르기만 하면 된다**

그림을 보고 비인칭주어 it을 써야 하면 👍 it을 쓰지 않으면 👎 에 표시하세요.

1 rainy

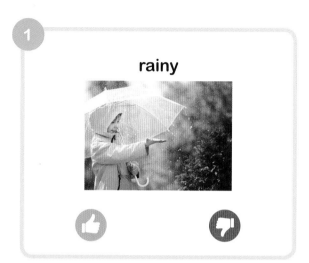

2 June 6

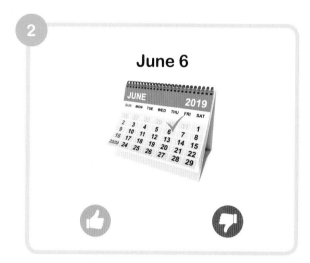

3 orange

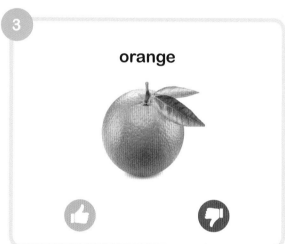

4 Saturday

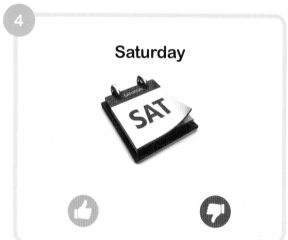

5 1:57

6 sweets

02 단어만 넣으면 된다
알맞은 단어를 넣어 문장을 완성하세요.

1 ☐ is 5 o'clock.

2 It's ☐ today.

3 ☐ is June 6.

4 ☐ is Monday.

It	He
my brother	sunny
She	It
It	Sam

03 틀린 것만 고치면 된다
영어 문장의 틀린 부분을 표시하고 맞게 고쳐 쓰세요.

1 **She is 4 km from my house.**
그것은 우리집에서 4km 떨어져 있어요.
➡ ☐

2 **He's 2:30.**
2시 30분이야.
➡ ☐

3 **It does rainy today.**
오늘 비가 오네요.
➡ ☐

4 **They is Sunday.**
일요일이야.
➡ ☐

순서만 맞추면 된다 단어의 순서를 맞춰 문장을 만들어 보세요.

1. tomorrow | cloudy | It | will be ➡️

2. 20 | May | It's ➡️

3. 4 o'clock | It | is ➡️

4. 1 km | from my school | It's ➡️

문장만 만들면 된다 주어진 단어를 가지고 영작해 보세요.

1. 오늘은 눈이 온다. (snowy) ➡️

2. 금요일이야. (Friday) ➡️

3. 4시야. (o'clock) ➡️

4. 오늘은 7월 1일이야. (July 1) ➡️

Review 06 Grammar Rule 29~32

A 그림과 알맞은 문장을 연결해 보세요.

1 •

2 •

3 •

4 •

• It's rainy today.

• Don't run in the street.

• What a beautiful butterfly!

• Help your mom!

B 문장에 알맞은 표현을 넣어 문장을 완성해 보세요.

1 슬퍼하지 말아라. ➡ _____ be sad.

2 나는 가끔 내 방 청소를 한다. ➡ I _____ clean my room.

3 학교는 일요일에 닫는다. ➡ The school closes _____ Sunday.

4 오늘은 바람이 분다. ➡ _____ windy today.

5 정말 아름다운 별이에요! ➡ _____ star!

C 대화문에 알맞은 단어를 넣어 문장을 완성해 보세요.

1 A: _____ a cute boy!　　　　　B: Yes, he is!

2 A: _____ quiet in the library.　　　B: OK. I will.

3 A: How's the weather?　　　　　B: _____ is sunny today.

4 A: How far is it?　　　　　B: _____ is 3 km from my house.

D 다음 지시대로 문장을 바꿔 써보세요.

1 There is a beautiful flower. ➡ 감탄문

What _____!

2 Read your book. ➡ 부정문

_____ read your book.

3 Did you finish your homework? ➡ 명령문

_____ your homework.

4 He is a nice boy. ➡ 감탄문

How _____!

[1-2] 다음 빈칸에 들어갈 알맞은 말을 고르세요.

1 She is going to _____ to Paris.

① goes   ② go

③ goed   ④ going

2 Charlie and Sally _____ drawing trees.

① is   ② am

③ are   ④ be

[3-5] 다음 밑줄 친 부분이 옳은 문장을 고르세요.

3 ① I am not <u>watching</u> a TV.   ② He is not <u>takeing</u> pictures.

③ Are you <u>talk</u> on the phone?   ④ Are they <u>drinkking</u> juice?

4 ① Did you <u>played</u> tennis?   ② I did not <u>ran</u> to the school.

③ Did he <u>walking</u> with his dog?   ④ The rabbit did not <u>jump</u>.

5 ① <u>Were</u> the phone expensive?   ② He <u>was</u> not kind.

③ She <u>were</u> very happy.   ④ He <u>were</u> not late for the meeting.

[6-7] 다음 빈칸에 들어갈 알맞은 질문을 고르세요?

6

A: _____ ?

B: It is a vase.

① What is it?   ② Who is it?

③ What it is?   ④ What am it?

7

A: _____ ?

B: She is my sister.

① Who is she?   ② Who she is?

③ What is she?   ④ What am she?

[8-12] 틀린 부분을 찾아 고쳐 쓰세요.

8 She were in the classroom.

➡ _____ .

9 Who they are?

➡ _____ .

10 Were the box heavy?

➡ _____ .

11 They playied baseball after school.

➡ _____ .

12 Jack maked a kite last week.

➡ _____ .

Final Test 02
Grammar Rule 18~32

[1-2] 다음 빈칸에 들어갈 알맞은 말을 고르세요.

1 _____ expensive the bag is!

  ① What   ② How

  ③ Why   ④ When

2 That is _____ interesting movie!

  ① most   ② more

  ③ a   ④ the most

[3-5] 다음 밑줄 친 부분이 옳은 문장을 고르세요.

3   ① I play <u>always</u> the piano.   ② <u>What</u> beautiful flower is!

    ③ <u>Don't</u> be rude to your friends.   ④ <u>What</u> does the museum close?

4   ① How <u>many</u> milk do you have?   ② She was born <u>at</u> 2012.

    ③ The doll is <u>under</u> the desk.   ④ The book is <u>next of</u> the glasses.

5   ① <u>Finish</u> your homework.   ② His birthday is <u>of</u> July.

    ③ He watches <u>sometimes</u> TV.   ④ <u>What</u> wonderful it is!

6

A: _____?

B: I am dancing.

① What are you doing?　　② How are you?

③ Who is she?　　④ Which one do you like better?

7

A: How much money do you have?

B: _____.

① I have five pens.　　② I have 3 dollars.

③ I like money.　　④ Yes, I have it.

[8-12] 틀린 부분을 찾아 고쳐 쓰세요.

8 Let's meet at Thanksgiving Day.

➡ _____.

9 I am sunny today.

➡ _____.

10 Arts is the interestingest subject.

➡ _____.

11 Who making is the cake?

➡ _____.

12 How a nice pen!

➡ _____.

초등 영문법 이것만 하면 된다 ②

특별 부록

서술형 쓰기 대비 문장 쓰기 노트
불규칙 형용사/불규칙 동사
Grammar Board Game

be going to

1 나는 뉴욕에 갈 거예요. _____ New York.

2 그녀는 영어를 공부할 거예요. _____ study English.

3 내일 비가 올 거예요. _____ rain tomorrow.

4 그들은 파티를 열 거예요. _____ have a party.

5 우리는 이모를 방문할 거예요. _____ visit our aunt.

Hint She is going to   We are going to   They are going to   It is going to   I am going to

be going to 부정문

1 나는 걸어서 학교에 가지 않을 거예요. _____ walk to school.

2 그는 케이크를 굽지 않을 거예요. _____ bake a cake.

3 우리는 늦지 않을 거예요. _____ be late.

4 너희들은 산에 오르지 않을 거야. _____ climb the mountain.

5 그들은 팝콘을 사지 않을 거예요. _____ buy popcorn.

Hint They are not going to   You are not going to   He is not going to   I am not going to   We are not going to

be going to 의문문

1 너 하이킹 갈 거니? _____ go hiking?

2 그는 치과에 갈까요? _____ go to the dentist?

3 내일 눈이 올까요? _____ snow tomorrow?

4 너희들은 배드민턴을 칠 거니? _____ play badminton?

5 그들은 텐트를 살 거예요? _____ buy a tent?

Hint Are they going to   Are you going to   Is it going to   Are you going to   Is he going to

현재진행형

1 나는 그림을 그리고 있어.
_____ a picture.

2 그녀는 침대에서 점프하고 있어요.
_____ on the bed.

3 아기는 낮잠을 자고 있어요.
_____ a nap.

4 그는 공원에서 달리고 있어요.
_____ in the park.

5 그들은 바다에서 수영하고 있어요.
_____ in the sea.

Hint They are swimming   The baby is taking   I am drawing   He is running   She is jumping

---

현재진행형 부정문

1 그녀는 울고 있지 않아요.
_____.

2 그는 꽃에 물을 주고 있지 않아요.
_____ the flowers.

3 나는 체스를 하고 있지 않아요.
_____ chess.

4 너희들은 내 말을 듣고 있지 않구나.
_____ to me.

5 그들은 정원을 파고 있지 않아요.
_____ in the garden.

Hint They aren't digging   He isn't watering   I am not playing   She isn't crying   You aren't listening

---

현재진행형 의문문

1 너 전화하고 있는 중이야?
_____ on the phone?

2 그는 우유를 따르고 있어요?
_____ milk?

3 그 개는 짖고 있어요?
_____?

4 그들이 문을 밀고 있어요?
_____ the door?

5 그들은 공을 차고 있어요?
_____ a ball?

Hint Are they kicking   Are you talking   Is the dog barking   Are they pushing   Is he pouring

be동사 과거형

1. 우리는 거실에 있었어요.　　　　_____ in the living room.

2. 그는 그녀에게 화가 났어요.　　　_____ angry at her.

3. 지난주는 더웠어요.　　　　　　　_____ hot last week.

4. 나는 어제 집에 있었어요.　　　　_____ at home.

5. 그들은 어제 피곤했어요.　　　　_____ tired yesterday.

Hint　　They were　　He was　　It was　　I was　　We were

---

be동사 과거형의 부정문

1. 나는 배고프지 않았어.　　　　　_____ hungry.

2. 너희들은 학교에 있지 않았어.　　_____ at school.

3. 어제는 춥지 않았어요.　　　　　_____ cold yesterday.

4. 그는 화나지 않았어요.　　　　　_____ angry.

5. 그것들은 단단하지 않았어요.　　_____ hard.

Hint　　It was not　　They were not　　He was not　　You were not　　I was not

---

be동사 과거형의 의문문

1. 너는 안전했어?　　　　　　　　_____ safe?

2. 그는 슬펐나요?　　　　　　　　_____ sad?

3. 그것은 비쌌어요?　　　　　　　_____ expensive?

4. 그들은 도서관에 있었어요?　　　_____ in the library?

5. 그녀가 나빴니?　　　　　　　　_____ bad?

Hint　　Were they　　Were you　　Was she　　Was he　　Was it

161

일반동사 과거형의 규칙변화

1 그는 걸어서 학교에 갔어.   _____ to school.

2 나는 새 도시로 이사를 갔어.   _____ to a new city.

3 우리는 열심히 공부했어요.   _____ hard.

4 그들은 엄마를 찾으면서 울었어요.   _____ for mom.

5 그녀는 컵을 떨어뜨렸어요.   _____ a cup.

Hint   We studied   She dropped   I moved   He walked   They cried

일반동사 과거형의 불규칙 변화

1 우리 엄마는 오늘 일찍 오셨어요.   _____ early today.

2 나는 동물원에서 코끼리를 봤어요.   _____ an elephant at the zoo.

3 우리는 연이 좀 있어요.   _____ some kites.

4 그는 볼을 쳤어요.   _____ a ball.

5 그녀는 창문을 깨뜨렸어요.   _____ the window.

Hint   We had   He hit   She broke   I saw   My mom came

일반동사 과거형의 부정문

1 너는 아침을 먹지 않았다.   _____ eat breakfast.

2 그녀는 울지 않았어요.   _____ cry.

3 그것은 달리지 않았어요.   _____ run.

4 그들은 떠들지 않았어요.   _____ make noise.

5 나는 TV를 보지 않았어요.   _____ watch TV.

Hint   She didn't   You didn't   They didn't   It didn't   I didn't

일반동사 과거형의 의문문

1 너 어제 야구 했어?   _____ baseball yesterday?

2 그는 동물원에 갔어요?   _____ to a zoo?

3 그녀는 아빠하고 걸었어요?   _____ with her dad?

4 우리는 기차를 놓쳤어요?   _____ the train?

5 그들은 파티에 왔어요?   _____ to the party?

Hint   Did he go   Did you play   Did we miss   Did they come   Did she walk

---

의문사 what

1 그녀는 무엇을 하고 있나요?   _____ she doing?

2 네가 가장 좋아하는 음식은 무엇이니?   _____ your favorite food?

3 너는 무엇을 먹고 싶니?   What _____ like to eat?

4 너는 무엇을 연주할 수 있니?   What can you _____?

5 너의 것은 무엇이니?   What is _____?

Hint   What's   play   yours   What is   do you

의문사 which

1 어느 버스가 집에 가니?   _____ goes to your home?

2 어느 장난감이 너는 더 좋니?   Which _____ do you like better?

3 어느 노래를 너는 부를 거니?   _____ are you going to sing?

4 어느 색깔이 너는 더 좋니?   Which color do you _____ better?

5 어느 반지가 너의 것이니?   Which ring _____?

Hint   is yours   like   toy   Which bus   Which song

의문사 when

1 언제가 어버이날이니?
_____ is Parents' Day?

2 그는 언제 도서관에 가니?
_____ he go to the library?

3 언제가 국기의 날이니?
_____ Flag Day?

4 너는 보통 언제 일어나니?
When do you usually _____?

5 우체국은 언제 닫니?
When does the _____ close?

Hint get up   post office   When does   When   When is

의문사 who

1 누가 축구를 하고 있니?
_____ playing soccer?

2 그녀는 누구니?
Who _____ she?

3 누가 파스타를 만들고 있니?
Who is _____?

4 이 사람은 누구니?
Who is _____?

5 너는 누구니?
Who _____?

Hint is   making the pasta   this   are you   Who is

의문사 why

1 너는 왜 늦었니?
_____ you late?

2 너는 왜 피곤해 보이니?
Why _____ look tired?

3 그녀는 똑똑하니까.
_____ she is smart.

4 왜 그 새는 노래하니?
Why _____ sing?

5 너는 왜 화가 났니?
Why are you _____?

Hint do you   Because   does the bird   Why are   angry

의문사 how

1. 너는 펜이 몇 개 있니?　　　　　_____ pens do you have?

2. 그것은 얼마이니?　　　　　How _____ is it?

3. 사과가 몇 개 있니?　　　　　How _____ are there?

4. 너는 학교에 어떻게 가니?　　　　　How _____ go to school?

5. 너는 어떠니?　　　　　How _____ ?

Hint　much　many apples　How many　are you　do you

형용사

1. 나는 빨간색 모자가 있어요.　　　　　I have a _____ hat.

2. 그녀는 큰 집에 살아요.　　　　　She lives in a _____ house.

3. 그들은 아주 예쁜 소녀를 만났어요.　　　　　They meet a _____ girl.

4. 배가 고픈 고양이는 화가 났어요.　　　　　A hungry cat is _____ .

5. 그 바지는 짧아요.　　　　　The pants are _____.

Hint　short　red　big　pretty　angry

부사

1. 그는 숙제를 빨리 했어요.　　　　　He did her homework _____.

2. 나는 책을 천천히 읽었어요.　　　　　I read books _____.

3. 우리는 벌을 주의 깊게 봤어요.　　　　　We looked at the bees _____.

4. 그녀가 안전하게 집에 왔어요.　　　　　She came home _____.

5. 그들은 아름답게 춤을 췄어요.　　　　　They danced _____.

Hint　beautifully　safely　slowly　quickly　carefully

비교급

1 우리 오빠는 나보다 힘이 세요.　　　My brother is _____ me.

2 그것들은 여우보다 더 커요.　　　They are _____ the foxes.

3 내 연필은 네 것보다 더 짧아.　　　My pencil is _____ yours.

4 이 차가 저 차보다 더 좋아요.　　　This car is _____ that car.

5 바다가 강보다 더 넓어요.　　　The sea is _____ the river.

Hint　stronger than　bigger than　shorter than　nicer than　wider than

---

최상급

1 그가 가장 키가 크다.　　　He is _____.

2 겨울왕국이 가장 재미있는 영화다.　　　<Frozen> is the _____ movie.

3 이 차가 가장 빠르다.　　　This car _____ fastest.

4 수학이 가장 어려운 과목이다.　　　_____ is the most difficult subject.

5 이 가방이 가장 크다.　　　_____ is the biggest.

Hint　most interesting　the tallest　This bag　Math　is the

수량형용사 (many, much)

1 나는 시간이 많이 없다.　　　I don't have _____.

2 너는 여자형제가 많니?　　　Do you have _____ sisters?

3 그것을 얼마예요?　　　_____ is it?

4 돈이 많이 없다.　　　There isn't much _____.

5 사과가 몇개 있니?　　　How _____ do you have?

Hint　much time　many　money　How much　many apples

빈도부사 (always, sometimes, never)

1. 그들은 고기를 절대 먹지 않는다.   They _____ eat meat. (0%)

2. 나는 항상 바이올린을 켠다.   I _____ the violin. (100%)

3. 그는 아침에 TV를 가끔 본다.   He _____ TV in the morning. (50%)

4. 나는 항상 저녁식사 후에 쿠키를 먹는다.   I always _____ after dinner. (100%)

5. 우리 강아지는 항상 꼬리를 흔든다.   My dog sometimes wags _____. (50%)

Hint   eat cookies   always play   never   sometimes watches   his tail

---

시간 전치사 (in / at / on)

1. 나는 2012년에 태어났다.   I was _____ 2012.

2. 나는 크리스마스에 그를 방문할 것이다.   I will visit him _____ Christmas Day.

3. 3시에 만나자.   Let's meet _____.

4. 내 생일은 8월에 있다.   My birthday is _____.

5. 도서관은 월요일에 연다.   The library opens _____.

Hint   born in   at 3 o'clock   on   on Monday   in August

장소 전치사 1 (in, on, under)

1. 많은 사과가 바구니에 있다.   There are many apples _____.

2. 우리에 햄스터가 있다.   There is a hamster _____ the cage.

3. 그는 침대 위에 있다.   He is _____ bed.

4. 그것은 의자 아래에 있다.   It _____ the chair.

5. 공이 침대 아래에 있다.   The ball is _____ the bed.

Hint   in   on the   in the basket   is under   under

장소 전치사 2 (in front of, behind, next to)

1. 바나나는 사과 옆에 있다. The banana is _____ the apple.

2. 연필은 필통 앞에 있다. Your pencil is in _____ the pencil case.

3. 소년은 나무 뒤에 있다. The boy _____ the tree.

4. 원숭이가 벽 뒤에 서 있다. The monkey is _____ the wall.

5. 강아지가 문 앞에 있다. There is _____ front of the door.

Hint standing behind   next to   front of   is behind   a puppy in

감탄문

1. 정말 귀여운 아기구나! _____ cute baby!

2. 그는 정말 친절하구나! How kind _____!

3. 정말 웃긴 영화구나! What _____ movie!

4. 그녀는 정말 부자구나! _____ rich she is!

5. 정말 재미있구나! How _____ !

Hint How   he is   What a   interesting   a funny

명령문

1. 문을 열어라! _____ the door!

2. 내 친구가 되어줘. _____ my friend.

3. 앞으로 곧바로 가라! _____ ahead!

4. 앉아 주세요. Sit _____, please.

5. 숙제를 마쳐라. Finish your _____.

Hint down   Go straight   Be   Open   homework

168

Grammar Rule 31 부정명령문

1 슬퍼하지 마라.   _____ sad.

2 택시를 타지 마라.   Don't _____ a taxi.

3 친구들에게 무례하게 굴지 마라.   _____ to your friends.

4 내 점심을 먹지 마라.   Don't _____ lunch.

5 수업에 늦지 마라.   Don't _____ for class.

Hint   eat my   Don't be rude   Don't be   take   be late

Grammar Rule 32 비인칭주어 it

1 7시야.   _____ 7 o'clock.

2 우리 집에서부터 4 km 이다.   It is _____ from my house.

3 오늘은 월요일이야.   It _____ today.

4 비가 온다.   It is _____ .

5 7월 20일이다.   It's _____ 20th.

Hint   is Monday   4 km   It's   rainy   July

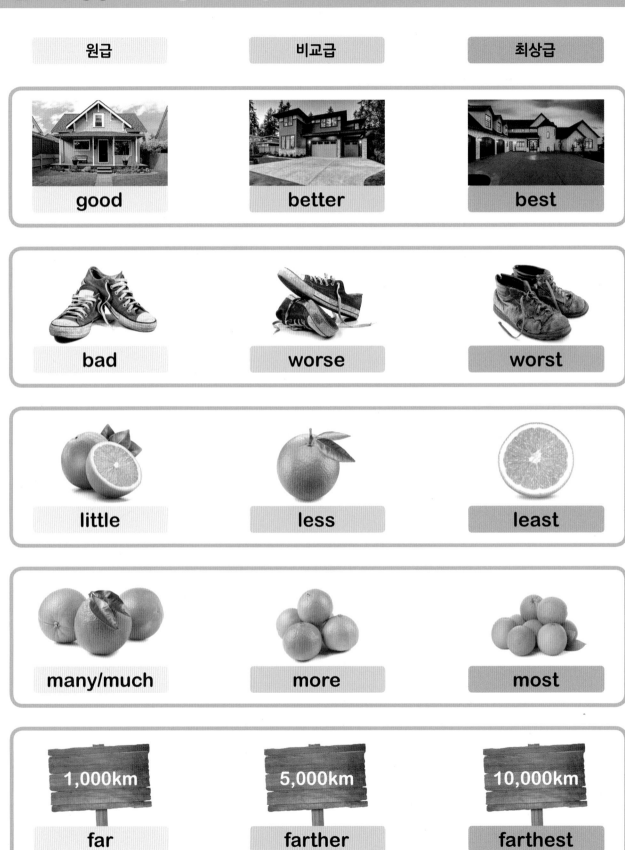

원급	비교급	최상급
good	better	best
bad	worse	worst
little	less	least
many/much	more	most
far	farther	farthest

불규칙 동사 Irregular Verbs

현재형	과거형		현재형	과거형

swim
swam

fly
flew

fall
fell

sell
sold

cut
cut

read
read

eat
ate

run
ran

go
went

drink
drank

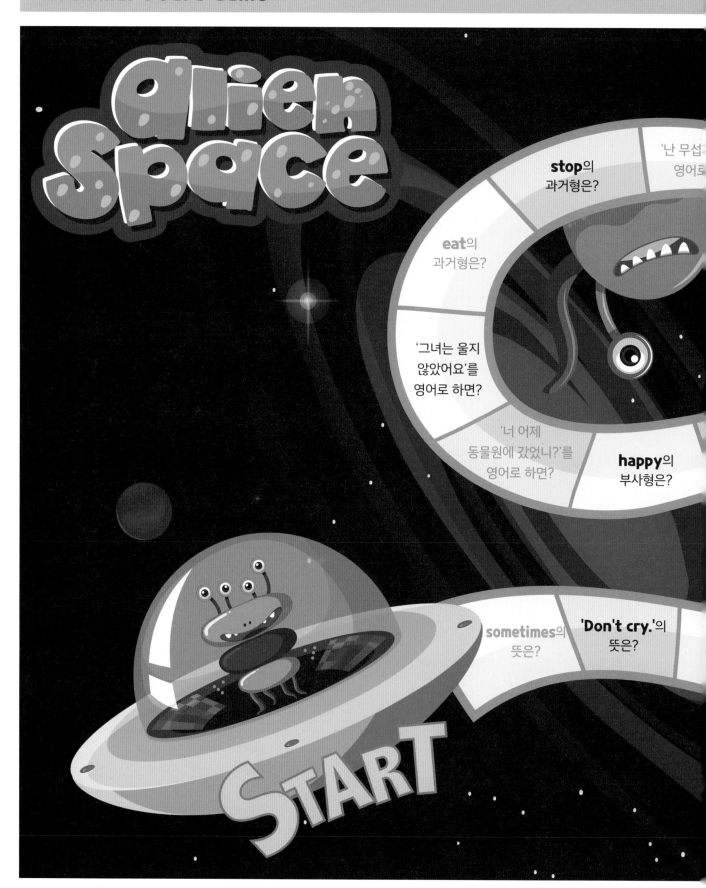

alien space

stop의
과거형은?

'난 무섭
영어로

eat의
과거형은?

'그녀는 울지
않았어요'를
영어로 하면?

'너 어제
동물원에 갔었니?'를
영어로 하면?

happy의
부사형은?

sometimes의
뜻은?

'Don't cry.'의
뜻은?

START

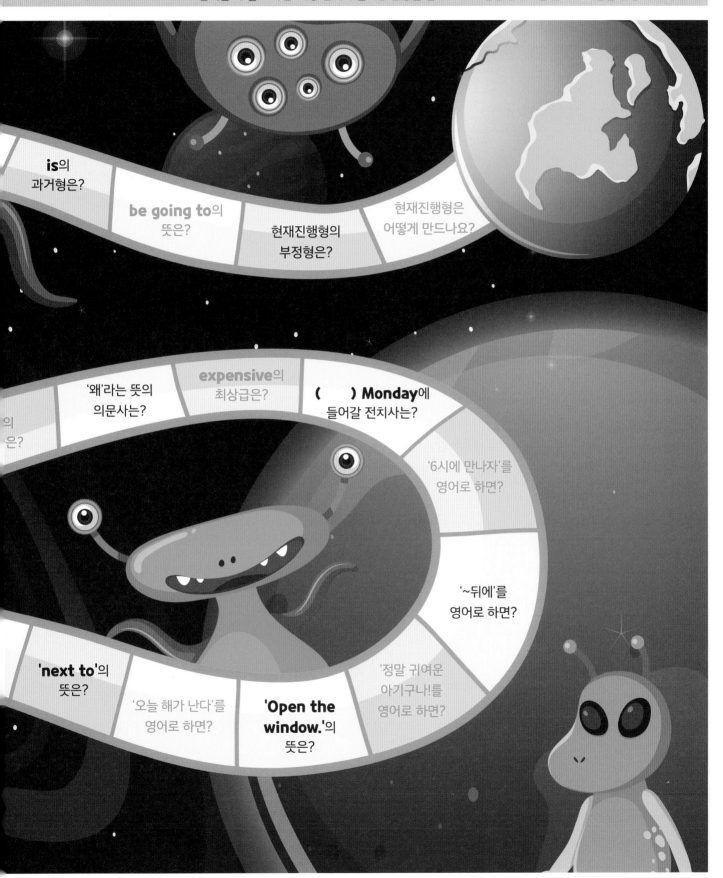

is의
과거형은?

be going to의
뜻은?

현재진행형의
부정형은?

현재진행형은
어떻게 만드나요?

'왜'라는 뜻의
의문사는?

expensive의
최상급은?

(   ) Monday에
들어갈 전치사는?

의
은?

'6시에 만나자'를
영어로 하면?

'~뒤에'를
영어로 하면?

'next to'의
뜻은?

'오늘 해가 난다'를
영어로 하면?

'Open the
window.'의
뜻은?

'정말 귀여운
아기구나!'를
영어로 하면?

초등 영문법
이것만
하면 된다
❷

Answer Key

❶ **본문 정답지**
(Grammar Rule + Review + Final Test)

❷ **부록 정답지**
(서술형 문장 쓰기 대비 노트)

Grammar Rule + Review + Final Test

Grammar Rule 01

01 보고 고르기만 하면 된다

1. eat
   나는 몇 개의 오렌지를 먹을 거야.
2. study
   그는 수학을 공부할 거야.
3. swim
   우리는 바다에서 수영을 할 거야.
4. visit
   그들은 조부모님을 방문할 거야.
5. rain
   내일은 비가 올 거야.

02 단어만 넣으면 된다

1. is
   그녀는 모자를 쓸 거야.
2. am
   나는 내 개에게 먹이를 줄 거야.
3. are
   우리는 버스를 탈 거야.
4. is
   내 여자 형제는 춤을 출 거야.

03 틀린 것만 고치면 된다

1. She is <u>going</u> to go to Bali this week.
2. They <u>are</u> going to sing a song.
3. He is going to <u>study</u> math.
4. I <u>am</u> going to make a sandwich.
5. We are going <u>to</u> give her a present.

04 순서만 맞추면 된다

1. I am going to meet Suzy.
   나는 Suzy를 만날 거야.
2. He is going to eat pizza.
   그는 피자를 먹을 거야.
3. We are going to go hiking.
   우리는 하이킹을 갈 거야.
4. She is going to go to church.
   그녀는 교회를 갈 거야.

05 문장만 만들면 된다

1. We are going to have a party.
2. It is going to be sunny.
3. I am going to visit the library.
4. I am going to eat ice cream.

Grammar Rule 02

01 보고 고르기만 하면 된다

1. am not going to
   나는 산을 오르지 않을 거야.
2. is not going to
   그녀는 과자를 굽지 않을 거야.
3. is not going to
   그는 집에 머무르지 않을 거야.
4. is not going to
   눈이 오지 않을 거야.
5. are not going to
   우리는 팝콘을 사지 않을 거야.
6. are not going to
   그들은 버스를 타고 학교에 가지 않을 거야.

02 단어만 넣으면 된다

1. is not
   그는 저녁을 먹지 않을 거야.
2. am not
   나는 일찍 일어나지 않을 거야.
3. are not
   우리는 지금 떠나지 않을 거야.
4. is not
   Sarah는 계란을 사지 않을 거야.

03 틀린 것만 고치면 된다

1. He is not <u>going</u> to call Mary.
2. They <u>are</u> not going to ride a bike.
3. She <u>is not</u> going to write a letter.
4. I am not going to <u>go</u> fishing.
5. We are not going to <u>play</u> tennis.

176

Grammar Rule + Review + Final Test

04 순서만 맞추면 된다

1. I am not going to sleep.
   나는 잠을 자지 않을 거야.
2. We are not going to stop fighting.
   우리는 싸움을 멈추지 않을 거야.
3. He is not going to run.
   그는 달리지 않을 거야.
4. They are not going to stay home.
   그들은 집에 머무르지 않을 거야.

05 문장만 만들면 된다

1. I am not going to call him.
2. It is not going to rain.
3. He is not going to be late.
4. We are not going to bake cookies.

Grammar Rule 03

01 보고 고르기만 하면 된다

1. Is it going to be windy?
   날씨가 흐릴 것 같은가요?
2. Are we going to eat chicken?
   우리는 치킨을 먹을 예정인가요?
3. Is he going to go hiking?
   그는 하이킹을 갈 예정인가요?
4. Is she going to go to the dentist?
   그녀는 치과에 갈 예정인가요?
5. Are you going to buy a tent?
   당신은 텐트를 구매할 예정인가요?
6. Is Jenny going to play badminton?
   Jenny는 배드민턴을 칠 예정인가요?

02 단어만 넣으면 된다

1. Are
   당신은 낚시를 갈 건가요?
2. Is
   그는 점심을 먹을 건가요?
3. Are
   그들은 뮤지컬을 볼 건가요?
4. Is
   그녀는 연을 날릴 건가요?

03 틀린 것만 고치면 된다

1. Are you going to <u>sleep</u> early?
2. <u>Is</u> he going to play violin?
3. Are they <u>going</u> to buy a house?
4. Is she going <u>to</u> take a walk?
5. Is Lisa going <u>to</u> come late?

04 순서만 맞추면 된다

1. Are you going to buy it?
   당신이 그것을 살 건가요?
2. Is he going to make a table?
   그가 탁자를 만들 건가요?
3. Are they going to dance?
   그들은 춤을 출 건가요?
4. Is she going to help Mike?
   그녀가 Mike를 도울 건가요?

05 문장만 만들면 된다

1. Are you going to wash your hands?
2. Is she going to work late?
3. Is he going to write a reply?
4. Are we going to live in Busan?

Grammar Rule 04

01 보고 고르기만 하면 된다

1. O
   그녀는 그림을 그리고 있다.
2. X
   그들은 의자에서 뛰고 있다.
3. O
   나이든 여성이 소파에서 낮잠을 자고 있다.
4. O
   우리는 바다에서 수영을 하고 있다.
5. X
   나는 공원에서 뛰고 있다.

Grammar Rule + Review + Final Test

02 단어만 넣으면 된다

1. **is drawing**
   그녀는 꽃을 그리고 있다.
2. **am jumping**
   나는 줄넘기를 하고 있다.
3. **is taking**
   Jack은 낮잠을 자고 있다.
4. **are swimming**
   아이들은 수영을 하고 있다.

03 틀린 것만 고치면 된다

1. She <u>is</u> drawing a tree.
2. They <u>are</u> eating jelly.
3. He is <u>writing</u> an email.
4. We are <u>making</u> hotcakes.
5. I am <u>running</u> with my dog.

04 순서만 맞추면 된다

1. **She is helping her mom.**
   그녀는 어머니를 돕고 있다.
2. **He is brushing his teeth.**
   그는 이를 닦고 있다.
3. **I am sitting on a chair.**
   나는 의자에 앉아있다.
4. **The dog is running quickly.**
   그 개는 빨리 뛰고 있다.

05 문장만 만들면 된다

1. They are running.
2. She is drawing her friends.
3. I am writing a letter.
4. We are eating dumplings.

Grammar Rule 05

01 보고 고르기만 하면 된다

1. **is not**
   그는 울고 있지 않다.
2. **is not**
   그녀는 식물에 물을 주고 있지 않다.
3. **is not**
   Evan은 모래를 파고 있지 않다.
4. **are not**
   너희들은 체스를 하고 있지 않다.
5. **are not**
   그들은 그녀의 말을 듣고 있지 않다.
6. **are not**
   우리는 일을 하고 있지 않다.

02 단어만 넣으면 된다

1. **is not**
   아기는 기고 있지 않다.
2. **is not**
   그녀는 꽃들에 물을 주고 있지 않다.
3. **are not**
   그들은 서로 껴안고 있지 않다.
4. **is not**
   그는 차를 고치고 있지 않다.

03 틀린 것만 고치면 된다

1. She is not <u>making</u> the bed.
2. We <u>are</u> not playing volleyball.
3. He <u>is</u> not flying a kite.
4. You <u>are not</u> holding a box.
5. They are not <u>jogging</u>.

04 순서만 맞추면 된다

1. **They are not eating lunch.**
   그들은 점심을 먹고 있지 않다.
2. **He is not pushing a cart.**
   그는 카트를 밀고 있지 않다.
3. **She is not working today.**
   오늘 그녀는 일을 하고 있지 않다.
4. **I am not looking at you.**
   나는 너를 보고 있지 않다.

Grammar Rule + Review + Final Test

05 문장만 만들면 된다

1. I am not waiting for him.

2. He is not sitting on a chair.

3. Mary is not kicking a ball.

4. We are not drinking water.

Grammar Rule 06

01 보고 고르기만 하면 된다

1. No, I am not.
당신은 주스를 붓고 있나요?

2. No, they aren't.
그들이 문을 밀고 있나요?

3. Yes, he is.
그가 공을 차고 있나요?

4. No, he isn't.
소년이 울고 있나요?

5. No, she isn't.
당신의 여자 형제가 전화를 하고 있나요?

6. Yes, it is.
개가 짖고 있나요?

02 단어만 넣으면 된다

1. Is
그가 어머니와 함께 걷고 있나요?

2. Are
당신은 호수에서 낚시를 하고 있나요?

3. Are
그들은 짐을 옮기고 있나요?

4. Is
Mary가 컵을 들고 있나요?

03 틀린 것만 고치면 된다

1. <u>Are</u> you going to school?

2. <u>Is</u> he lying on the bed?

3. <u>Are</u> they eating lunch?

4. Is Jane <u>cutting</u> the grass?

5. <u>Are</u> we waiting for Peter?

---

04 순서만 맞추면 된다

1. Is she taking pictures?
그녀는 사진을 찍고 있나요?

2. Are you hugging a cat?
당신은 고양이를 껴안고 있나요?

3. Is he taking your order?
그가 당신의 주문을 받고 있나요?

4. Are they playing in the park?
그들이 공원에서 놀고 있나요?

05 문장만 만들면 된다

1. Is he camping?

2. Are you walking with your dad?

3. Are they standing in line?

4. Is the baby crying?

Review 01

A 그림과 알맞은 문장을 연결해 보세요.

1. He is going to climb the mountain.
그는 산을 오를 예정이다.

2. It is going to be sunny.
날씨가 화창할 것이다.

3. The girl is not crying.
그 소녀는 울고 있지 않다.

4. The man is taking a nap.
그 남자는 낮잠을 자고 있다.

B 문장에 알맞은 단어를 넣어 문장을 완성해 보세요.

1. calling

2. not

3. eating

4. Is

5. going

C 대화문에 알맞은 단어를 넣어 문장을 완성해 보세요.

1. Is
날씨가 더울 예정인가요?

Grammar Rule + Review + Final Test

2 Are
우유를 사고 있나요?

3 is
Sally가 낚시 갈 예정인가요?

4 are
그들은 공을 차고 있나요?

D 다음 문장을 지시에 따라 긍정문, 부정문, 의문문으로 바꿔 써 보세요.

1 부정문: I am not drawing a picture.
나는 그림을 그리고 있지 않다.
의문문: Am I drawing a picture?
내가 그림을 그리고 있나요?

2 부정문: My dog is not barking.
내 개는 짖고 있지 않다.
의문문: Is my dog barking?
내 개가 짖고 있나요?

3 긍정문: She is going to go to the dentist.
그녀는 치과에 갈 예정이다.

4 부정문: They are not going to ride a bike.
그들은 자전거를 탈 예정이 아니다.
의문문: Are they going to ride a bike?
그들은 자전거를 탈 예정인가요?

Grammar Rule 07

01 보고 고르기만 하면 된다

1 X
그녀는 집에 있었다.

2 O
그는 지난 밤 화가 났었다.

3 O
Sue는 학교에 늦었다.

4 X
날씨가 어제는 매우 더웠다.

5 X
그들은 부엌에 있었다.

02 단어만 넣으면 된다

1 was
나는 아팠다.

2 was
그녀는 학교에 있었다.

3 were
우리는 어제 바빴다.

4 were
그들은 그에게 화가 났었다.

03 틀린 것만 고치면 된다

1 She <u>was</u> very happy.

2 We <u>were</u> at the restaurant.

3 He <u>was</u> late for the meeting.

4 You <u>were</u> so lazy.

5 I <u>was</u> in the kitchen.

04 순서만 맞추면 된다

1 I was very sick yesterday.
나는 어제 매우 아팠다.

2 We were in the mall.
우리는 쇼핑몰에 있었다.

3 She was very hungry.
그녀는 매우 배가 고팠다.

4 They were busy last week.
지난주 그들은 매우 바빴다.

05 문장만 만들면 된다

1 It was cold yesterday.

2 He was rich.

3 My room was clean last week.

4 We were in the park.

Grammar Rule 08

01 보고 고르기만 하면 된다

1 was not
그는 친절하지 않았다.

2 was not
Jamie는 졸리지 않았다.

3 was not
그녀는 배고프지 않았다.

4 were not
너는 화가 나지 않았었다.

5 were not
우리는 도서관에 있지 않았다.

6 was not
날씨가 지난주에는 춥지 않았다.

Grammar Rule + Review + Final Test

02 단어만 넣으면 된다

1. **was not**
   나는 화가 나지 않았었다.
2. **was not**
   그 영화는 재미있지 않았다.
3. **were not**
   우리는 식당에 있지 않았다.
4. **was not**
   그는 가난하지 않았다.

03 틀린 것만 고치면 된다

1. He <u>was</u> not kind.
2. We <u>were</u> not tired.
3. I <u>was</u> not hungry.
4. Betty <u>was</u> not a singer.
5. They <u>were</u> not delicious.

04 순서만 맞추면 된다

1. He was not a teacher.
   그는 선생님이 아니었다.
2. We were not classmates.
   우리는 급우가 아니었다.
3. I was not happy.
   나는 행복하지 않았다.
4. They were not my brothers.
   그들은 내 형제가 아니었다.

05 문장만 만들면 된다

1. I was not angry.
2. She was not in the classroom.
3. He was not busy.
4. It was not a hamster.

Grammar Rule 09

01 보고 고르기만 하면 된다

1. **Was he bad?**
   그는 나빴니?
2. **Were they slow?**
   그들은 느렸니?
3. **Was she wet?**
   그녀는 물에 젖어있었니?
4. **Was it expensive?**
   그것은 비쌌니?
5. **Was he sad?**
   그는 슬펐니?

02 단어만 넣으면 된다

1. **Were**
   당신은 안전했나요?
2. **Was**
   그는 슬펐나요?
3. **Were**
   그들은 병원에 있었나요?
4. **Was**
   그것은 작았나요?

03 틀린 것만 고치면 된다

1. <u>Was</u> he in the garden?
2. <u>Were</u> they rich?
3. <u>Was</u> she a pilot?
4. <u>Were</u> you angry?
5. <u>Was</u> the book heavy?

04 순서만 맞추면 된다

1. **Were you a nurse?**
   당신은 간호사였나요?
2. **Was the house expensive?**
   그 집은 비쌌나요?
3. **Were they in the living room?**
   그들은 거실에 있었나요?
4. **Was Tom your teacher?**
   Tom이 당신의 선생님이었나요?

Grammar Rule + Review + Final Test

05 문장만 만들면 된다

1. Were you sad?
2. Was the place safe?
3. Was the bag expensive?
4. Was Harry in his room?

Grammar Rule 10

01 보고 고르기만 하면 된다

1. O
저는 새 집으로 옮겼어요.
2. X
그는 도시에서 살았어요.
3. O
우리는 신호등 앞에서 멈췄어요.
4. X
Anna는 열심히 공부했어요.
5. X
그녀는 걸어서 학교에 갔어요.

02 문장만 바꾸면 된다

1. She watched a movie.
그녀는 영화를 봤다.
2. I took a math test.
나는 수학시험을 보았다.
3. We played soccer.
우리는 축구를 했다.
4. They planned a trip.
그들은 여행 계획을 짰다.

03 틀린 것만 고치면 된다

1. He <u>visited</u> his uncle.
2. They <u>played</u> baseball.
3. She <u>lived</u> in Jeju island.
4. I <u>studied</u> science.
5. The baby <u>cried</u> all night.

04 순서만 맞추면 된다

1. I dropped the cup.
나는 컵을 떨어뜨렸다.
2. She walked to school.
그녀는 학교에 걸어갔다.
3. We closed the windows.
우리는 창문을 닫았다.
4. They carried a heavy box.
그들은 무거운 박스를 가지고 다녔다.

05 문장만 만들면 된다

1. We walked to school.
2. My dad baked a cake.
3. I dropped the computer.
4. We cried loudly.

Grammar Rule 11

01 보고 고르기만 하면 된다

1. O
아빠는 오늘 책 한 권을 읽었다.
2. X
나는 펭귄 한 마리를 보았다.
3. O
우리는 몇 개의 연을 갖고 있었다.
4. O
그는 공을 쳤다.
5. X
그녀는 창문을 깨뜨렸다.

02 문장만 바꾸면 된다

1. She sang a song.
그녀는 노래를 불렀다.
2. I had dinner with my family.
나는 가족과 함께 저녁을 먹었다.
3. They broke the rules.
그들은 규칙을 깨뜨렸다.
4. They did their homework.
그들은 숙제를 했다.

Grammar Rule + Review + Final Test

03 틀린 것만 고치면 된다

1. She <u>gave</u> me the tape.

2. I <u>went</u> to the museum.

3. They <u>bought</u> some candies.

4. We <u>ran</u> to the tree.

5. Sue <u>made</u> a kite yesterday.

04 순서만 맞추면 된다

1. I made a ship last night.
나는 지난 밤에 배를 만들었다.

2. She saw a big bird.
그녀는 큰 새를 보았다.

3. I ate delicious watermelon.
나는 맛있는 수박을 먹었다.

4. He cut the grass in the garden.
그는 정원에서 잔디를 깎았다.

05 문장만 만들면 된다

1. He hit the ball.

2. She came home early yesterday.

3. They ran to the bus stop.

4. We sang a song together.

Grammar Rule 12

01 보고 고르기만 하면 된다

1. did not run
나는 학교에 뛰어 가지 않았다.

2. did not eat
Oliver는 아침을 먹지 않았다.

3. did not cry
그 아기는 밤새 울지 않았다.

4. did not jump
그 토끼는 뛰지 않았다.

5. did not make
우리는 극장에서 아무 소음도 내지 않았다.

6. did not watch
그녀는 TV를 보지 않았다.

02 문장만 바꾸면 된다

1. He didn't have two cats.
그는 두 마리의 고양이를 갖고 있지 않았다.

2. They didn't drink hot tea.
그들은 뜨거운 차를 마시지 않았다.

3. She didn't call her friend.
그녀는 그녀의 친구를 부르지 않았다.

4. We didn't visit Spain.
우리는 스페인을 방문하지 않았다.

03 틀린 것만 고치면 된다

1. My mom did not <u>make</u> potato soup.

2. They did not <u>dance</u> together.

3. He <u>did not drink</u> apple juice.

4. I <u>did</u> not buy a new doll.

5. We <u>did not see</u> the elephant.

04 순서만 맞추면 된다

1. They did not live near the river.
그들은 강 근처에 살지 않았다.

2. She did not drop the key.
그녀는 열쇠를 떨어뜨리지 않았다.

3. I did not enjoy the music.
나는 그 음악을 즐기지 않았다.

4. My uncle did not press the button.
나의 삼촌은 그 버튼을 누르지 않았다.

05 문장만 만들면 된다

1. I did not run to school.

2. They did not eat lunch.

3. She did not make noise.

4. It did not jump.

Grammar Rule + Review + Final Test

01 보고 고르기만 하면 된다

1 Yes, he did.
그가 기차를 놓쳤나요?

2 Yes, she did.
그녀는 파티에 왔나요?

3 No, they didn't.
그들이 그들의 개와 함께 걸었나요?

4 No, I didn't.
당신은 야구를 했나요?

5 Yes, they did.
그들은 동물원에 갔나요?

02 문장만 바꾸면 된다

1 Did she read a card last night?
지난 밤에 그녀가 카드를 읽었나요?

2 Did I go to the office?
제가 사무실에 갔나요?

3 Did we walk to school?
우리가 학교에 걸어갔나요?

4 Did he have a black bike?
그가 검정색 자전거를 가지고 있었나요?

03 틀린 것만 고치면 된다

1 Did you <u>exercise</u> every day?

2 Did the frog <u>eat</u> the fly?

3 Did they <u>have</u> a birthday party?

4 Did he <u>live</u> in Singapore?

5 <u>Did we make</u> cookies?

04 순서만 맞추면 된다

1 Did they take a walk at night?
그들은 밤에 산책했나요?

2 Did you get up early?
아침에 일찍 일어났나요?

3 Did he join the dance club?
그는 댄스 클럽에 참여했나요?

4 Did the cat catch a ball?
고양이가 공을 잡았나요?

05 문장만 만들면 된다

1 Did the dog bark at night?

2 Did they play basketball yesterday?

3 Did she miss the train?

4 Did we run fast?

Review 02

A 그림과 알맞은 문장을 연결해 보세요.

1 He was at school.
그는 학교에 있었다.

2 My brother and I played games.
나의 남자형제와 나는 게임을 했다.

3 My family moved to a new house.
우리 가족은 새 집으로 옮겼다.

4 She was not sick.
그녀는 아프지 않았다.

B 문장에 알맞은 단어를 넣어 문장을 완성해 보세요.

1 did not

2 Did

3 Was

4 were

5 was not

C 대화문에 알맞은 단어를 넣어 문장을 완성해 보세요.

1 Was
토끼가 느렸나요?

2 Did
그는 아빠와 함께 걸었나요?

3 were
그 가방들은 비쌌나요?

4 didn't
그들은 빵집에 갔나요?

Grammar Rule + Review + Final Test

D 다음 문장을 지시에 따라 긍정문, 부정문, 의문문으로 바꿔 써 보세요.

1 긍정문: **We missed the train.**
우리는 기차를 놓쳤다.

의문문: **Did we miss the train?**
우리가 기차를 놓쳤나요?

2 부정문: **She didn't have lunch.**
그녀는 점심을 먹지 않았다.

의문문: **Did she have lunch?**
그녀가 점심을 먹었나요?

3 부정문: **He was not busy.**
그는 바쁘지 않았다.

의문문: **Was he busy?**
그가 바빴나요?

4 부정문: **They were not angry.**
그들은 화나지 않았다.

의문문: **Were they angry?**
그들이 화가 났었나요?

Grammar Rule 14

01 보고 고르기만 하면 된다

1 **I like yellow.**
가장 좋아하는 색깔이 뭐예요? 노랑을 좋아해요.

2 **She can play the piano.**
그녀는 무엇을 연주할 수 있나요? 피아노를 칠 수 있어요.

3 **He wants to eat a hamburger.**
그는 무엇을 먹고 싶어 하나요? 피자를 먹고 싶어 해요.

4 **My favorite toy is Lego.**
가장 좋아하는 장난감은 무엇인가요? 레고예요.

5 **I like to buy a bag.**
거기서 무엇을 사고 싶나요? 가방을 사고 싶어요.

02 단어만 넣으면 된다

1 **What**
가장 좋아하는 계절은 무엇인가요?

2 **What**
우리가 동물에게서 무엇을 배울 수 있나요?

3 **What**
그는 무엇을 먹고 싶어하나요?

4 **What**
당신의 주소는 무엇인가요?

03 틀린 것만 고치면 된다

1 **What** is her favorite toy?

2 **What do you** want to buy?

3 **What** are you doing?

4 **What does** he like to eat?

04 순서만 맞추면 된다

1 **What is she doing?**
그녀는 무엇을 하고 있나요?

2 **What do you want to see?**
당신은 무엇을 보고 싶나요?

3 **What can you play?**
당신은 무엇을 연주할 수 있나요?

4 **What is his favorite game?**
그가 가장 좋아하는 게임은 무엇인가요?

05 문장만 만들면 된다

1 **What is he doing?**

2 **What is your favorite food?**

3 **What is your hobby?**

4 **What does she want to buy?**

Grammar Rule 15

01 보고 고르기만 하면 된다

1 **Which color**
어떤 색깔을 좋아하나요?

2 **Which fruit**
어떤 과일을 살 건가요?

3 **Which car**
어떤 차가 좋은가요?

4 **Which shoes**
어떤 신발을 신고 있나요?

5 **Which ring**
어떤 반지가 당신 것인가요?

02 단어만 넣으면 된다

1 **Which**
어떤 버스가 당신 집에 가나요?

2 **Which**
어떤 색깔을 더 좋아하나요, 빨강 혹은 노랑?

Grammar Rule + Review + Final Test

③ **Which**
어떤 것이 더 좋은가요, 인형 혹은 차?

④ **Which**
어떤 과일이 더 좋은가요, 사과 혹은 바나나?

03 틀린 것만 고치면 된다

① Which do you like better, blue or yellow?

② Which do you want to get, glasses or sunblock?

③ Which are you going to choose, this or that?

④ Which song are you going to sing?

04 순서만 맞추면 된다

① Which movie do you like?
어떤 영화를 좋아하나요?

② Which cup are you going to buy?
어떤 컵을 사실 건가요?

③ Which one are you wearing?
어떤 것을 입고 있나요?

④ Which hat is yours?
어떤 모자가 당신 건가요?

05 문장만 만들면 된다

① Which toy do you want to buy?

② Which skirt do you want to wear?

③ Which book are you going to read?

④ Which bus goes to the library?

Grammar Rule 16

01 보고 고르기만 하면 된다

① It finishes on Friday.
언제 프로젝트가 끝나니? 금요일에 끝나.

② My birthday is August 9th.
생일이 언제니? 8월 9일이야.

③ She goes to bed at 9 o'clock.
그녀는 언제 자니? 9시에 자.

④ I go to school at 8 o'clock.
너는 언제 학교에 가니? 8시에 가.

⑤ Parents' Day is May 8th.
어버이 날이 언제니? 5월 8일이야.

02 단어만 넣으면 된다

① When
네 생일은 언제니?

② When
수업은 언제 끝나니?

③ When
언제 보통 저녁을 먹니?

④ When
언제 학교에 가니?

03 틀린 것만 고치면 된다

① When is Parents' Day?

② When does he go to bed?

③ When does she go to the library?

④ When is your birthday?

04 순서만 맞추면 된다

① When is Flag Day?
국기의 날이 언제니?

② When does the post office close?
우체국은 언제 닫니?

③ When do you get up?
너는 언제 일어나니?

④ When does he eat breakfast?
그는 언제 아침을 먹니?

05 문장만 만들면 된다

① When do you eat lunch?

② When does she play the drum?

③ When does your school start?

④ When do you go to sleep?

Grammar Rule + Review + Final Test

Grammar Rule 17

01 보고 고르기만 하면 된다

1. **Who is she?**
   그녀는 누구인가요? 제 새로운 수학 선생님이에요.
2. **Who is making the plane?**
   누가 비행기를 만들고 있나요? 아빠가 만들고 있어요.
3. **Who is the girl?**
   소녀는 누구인가요? 제 친구 Jenny예요.
4. **Who are they?**
   그들은 누구 인가요? 제 급우들이에요.
5. **Who is going to the library?**
   누가 도서관에 가고 있나요? Tom이 가고 있어요.

02 단어만 넣으면 된다

1. **Who**
   당신은 누구입니까?
2. **Who**
   누가 피자를 만들고 있나요?
3. **Who**
   누구시죠?
4. **Who**
   그녀는 누구죠?

03 틀린 것만 고치면 된다

1. <u>Who</u> are you?
2. <u>Who</u> is playing soccer?
3. <u>Who</u> is she?
4. <u>Who</u> is singing the song?

04 순서만 맞추면 된다

1. **Who are those people?**
   저 사람들은 누구입니까?
2. **Who is making the pasta?**
   누가 파스타를 만들고 있죠?
3. **Who is that?**
   저 사람은 누구죠?
4. **Who is playing basketball?**
   누가 농구를 하고 있죠?

05 문장만 만들면 된다

1. **Who is he?**
2. **Who is baking a cake?**
3. **Who is this boy?**
4. **Who is dancing?**

Grammar Rule 18

01 보고 고르기만 하면 된다

1. **Because I got up late.**
   왜 늦었니? 늦게 일어났기 때문이야.
2. **Because I won the game.**
   왜 그렇게 행복해 보이니? 게임에서 이겼기 때문이야.
3. **Because it is happy.**
   왜 새가 노래를 부르니? 행복하기 때문이야.
4. **Because it is pretty.**
   왜 저 드레스를 사고 싶니? 예쁘기 때문이야.
5. **Because I am sick.**
   왜 슬프니? 아프기 때문이야.

02 문장만 바꾸면 된다

1. **Why**
   그는 왜 늦었니?
2. **Why**
   너는 왜 그렇게 피곤해 보이니?
3. **Why**
   네 개는 왜 나를 싫어하니?
4. **Why**
   너는 왜 이 수업을 듣고 있니?

03 틀린 것만 고치면 된다

1. <u>Why</u> are you late?
2. <u>Why</u> does the dog bark?
3. <u>Why</u> do you want to go there?
4. <u>Why</u> is he tired?

Grammar Rule + Review + Final Test

04 순서만 맞추면 된다

1 Because I got up late.
내가 늦게 일어났기 때문이야.

2 Why does she love you?
그녀가 왜 너를 사랑하니?

3 Why are you angry?
너는 왜 화가 났니?

4 Because he is smart.
그가 똑똑하기 때문이야.

05 문장만 만들면 된다

1 Why does he study English?

2 Why is the sky dark at night?

3 Why are you sad?

4 Why is she dancing?

Grammar Rule 19

01 보고 고르기만 하면 된다

1 I go there by bus.
어떻게 학교에 가나요? 버스로 갑니다.

2 I have 5 apples.
몇 개의 사과를 가지고 있나요? 5개요.

3 It's 20 dollars.
그 가방은 얼마인가요? 20달러 입니다.

4 I didn't drink much milk.
얼마나 많은 우유를 마셨나요? 많이 마시지는 않았어요.

5 I'm great.
어떻게 지내시나요? 좋아요.

02 문장만 바꾸면 된다

1 How
얼마나 많은 연필을 갖고 있나요?

2 How
그는 어떻게 지내나요?

3 much
얼마나 많은 주스를 원하나요?

4 many
얼마나 많은 친구가 있나요?

03 틀린 것만 고치면 된다

1 How do you go to school?

2 How is she?

3 How many books does he have?

4 How much is it?

04 순서만 맞추면 된다

1 How is she?
그녀는 어떻게 지내나요?

2 How much is the book?
그 책은 얼마인가요?

3 How many books do you have?
너는 얼마나 많은 책을 갖고 있나요?

4 How do you go to school?
너는 학교에 어떻게 가니?

05 문장만 만들면 된다

1 How much money do you have?

2 How much is the ticket?

3 How do you go to the museum?

4 How many cookies do you have?

Review 03

A 그림과 알맞은 문장을 연결해 보세요.

1 Who is playing the piano?
누가 피아노를 치고 있나요?

2 How many pencils do you have?
얼마나 많은 연필을 갖고 있나요?

3 What's your favorite food?
당신이 가장 좋아하는 음식은 무엇인가요?

4 Which do you like better, red or blue?
어떤 것이 더 좋은가요, 빨강 혹은 파랑?

B 문장에 알맞은 표현을 넣어 문장을 완성해 보세요.

1 How do

2 Which book

3 Why are

4 Who is

Grammar Rule + Review + Final Test

5 When do

C 대화문에 알맞은 단어를 넣어 문장을 완성해 보세요.

1 Who
그녀는 누구죠? 그녀는 제 할머니예요.

2 Because
그를 왜 좋아하죠? 그가 친절하기 때문이에요.

3 How
어떻게 지내세요? 좋아요.

4 When
생일이 언제예요? 1월 10일이에요.

D 다음 질문에 여러분만의 답을 써 보세요. (자신만의 대답)

1 I have 3 pens.
얼마나 많은 연필을 갖고 있나요? 3자루를 갖고 있어요.

2 I get up at 7:30.
보통 언제 일어나나요? 7시 30분에 일어나요.

3 My favorite food is cheese.
가장 좋아하는 음식은 무엇인가요? 치즈예요.

4 I have 10 dollars.
얼마나 많은 돈을 갖고 있나요? 10 달러를 갖고 있어요.

Grammar Rule 20

01 보고 고르기만 하면 된다

1 👍
2 👍
3 👎
4 👍
5 👍
6 👎

02 단어만 넣으면 된다

1 round
둥근 박스가 하나 있다.

2 black
나는 검은 고양이가 있다.

3 long
그 뱀은 길다.

4 fat
내 개는 살이 쪘다.

03 틀린 것만 고치면 된다

1 I have a <u>blue bag</u>.

2 He <u>is kind</u>.

3 She lives in a <u>big house</u>.

4 They meet a <u>pretty girl</u>.

5 A hungry cat <u>is angry</u>.

04 순서만 맞추면 된다

1 There is a red apple.
빨간 사과가 하나 있다.

2 She is wearing a pink dress.
그녀는 핑크색 드레스를 입고 있다.

3 The old man is funny.
그 나이 많은 남성은 웃겼다.

4 The students are smart.
그 학생들은 똑똑하다.

05 문장만 만들면 된다

1 The baby is very pretty.

2 There is a yellow bus.

3 A young man is walking.

4 My pencil is short.

Grammar Rule 21

01 보고 고르기만 하면 된다

1 ad

2 adj

3 ad

4 ad

5 adj

6 adj

7 ad

8 adj

Grammar Rule + Review + Final Test

9 adj

02 단어만 넣으면 된다

1 quietly
Sarah는 조용히 울었다.

2 easily
그녀는 그것을 쉽게 풀었다.

3 safely
그 남자는 안전하게 운전했다.

4 carefully
모두들, 주의 깊게 들어주세요.

03 틀린 것만 고치면 된다

1 She did her homework <u>quickly</u>.

2 They talked <u>quietly</u> in class.

3 He read books <u>slowly</u>.

4 I made a box <u>easily</u>.

5 We looked at the ants <u>carefully</u>.

04 순서만 맞추면 된다

1 I ran to the store quickly.
나는 그 가게로 빨리 뛰어갔다.

2 The cat moves slowly.
그 고양이는 느리게 움직인다.

3 They ate lunch quickly.
그들은 점심을 빨리 먹었다.

4 She smiles brightly.
그녀는 눈부시게 웃는다.

05 문장만 만들면 된다

1 The children played quietly.

2 She came home safely.

3 They danced beautifully.

4 We walked slowly.

Grammar Rule 22

01 보고 고르기만 하면 된다

1 taller

2 fatter

3 wider

4 hotter

5 heavier

6 bigger

7 shorter

8 nicer

02 단어만 넣으면 된다

1 taller
Claire는 너보다 키가 크다.

2 larger
이 컵은 저 컵보다 크다.

3 wider
너의 침대는 내 것보다 넓다.

4 bigger
내 고양이는 네 고양이보다 크다.

03 틀린 것만 고치면 된다

1 My brother is stronger <u>than</u> me.

2 His car is <u>nicer</u> than her car.

3 This tea is <u>hotter</u> than the coffee.

4 They are bigger <u>than</u> the foxes.

5 My pencil is <u>shorter</u> than your pencil.

04 순서만 맞추면 된다

1 I am happier than you.
나는 너보다 더 행복하다.

2 This soup is hotter than that soup.
이 수프는 저 수프보다 더 뜨겁다.

Grammar Rule + Review + Final Test

3 My dog is faster than your dog.
내 개는 네 개보다 더 빠르다.

4 This bag is heavier than that bag.
이 가방은 저 가방보다 무겁다.

05 문장만 만들면 된다

1 This apple is bigger than that apple.

2 This dress is prettier than that dress.

3 This car is nicer than that car.

4 The sea is wider than the river.

Review 04

A 그림과 알맞은 문장을 연결해 보세요.

1 I have a pink bag.
나는 핑크색 가방을 갖고 있다.

2 My dad drives a new car.
아빠는 새 차를 몬다.

3 He is very kind.
그는 매우 친절하다.

4 The boy is very hungry.
그 소년은 매우 배고프다.

B 문장에 알맞은 단어를 넣어 문장을 완성해 보세요.

1 slowly

2 safely

3 happily

4 carefully

5 sadly

6 beautifully

7 quickly

8 easily

C 다음 괄호 안의 단어를 알맞은 비교급으로 바꿔 문장을 써 보세요.

1 He is (taller) than Jack.
그는 Jack보다 더 크다.

2 This car is (nicer) than that car.
이 차가 저 차보다 낫다.

3 It is (larger) than my house.
그것은 내 집보다 크다.

4 My dog is (bigger) than your dog.
내 개는 네 개보다 크다.

D 다음 문장을 알맞은 단어를 넣어 완성해 보세요.

1 yellow

2 kind

3 safely

4 carefully

5 bigger

6 stronger

Grammar Rule 23

01 보고 고르기만 하면 된다

1 X
그는 학급에서 제일 작다.

2 X
그 가방은 가장 비싸다.

3 O
겨울 왕국은 가장 흥미로운 영화다.

4 O
이 차가 가장 빠르다.

5 O
영어는 가장 어려운 과목이다.

02 단어만 넣으면 된다

1 tallest
나는 학급에서 제일 키가 크다.

2 the
이 차가 가장 빠르다.

3 most
그것은 가장 인기 있는 영화였다.

4 expensive
그 가방은 가장 비쌌다.

Grammar Rule + Review + Final Test

03 틀린 것만 고치면 된다

1. This bag is the <u>prettiest</u>.
2. Jane is <u>the</u> smallest in my class.
3. Math is the <u>most interesting</u> subject.
4. Can you give me the <u>biggest</u> one?

04 순서만 맞추면 된다

1. Tom is the fastest.
   Tom이 가장 빠르다.
2. This watch is the cheapest.
   이 시계가 가장 싸다.
3. She is the prettiest.
   그녀가 가장 예쁘다.
4. This river is the longest.
   이 강이 가장 길다.

05 문장만 만들면 된다

1. He is the richest in the world.
2. This question is the most difficult.
3. My mom is the most important person.
4. I am the oldest.

Grammar Rule 24

01 보고 고르기만 하면 된다

1. many
2. much
3. much
4. many
5. many
6. much
7. much
8. many

02 단어만 넣으면 된다

1. many
   나는 많은 연필을 갖고 있어.
2. many
   너는 많은 여자 형제를 갖고 있니?
3. much
   밀가루가 많이는 없어.
4. much
   그는 얼마나 많은 돈을 갖고 있나요?

03 틀린 것만 고치면 된다

1. I don't have <u>much</u> time.
2. How <u>many</u> erasers do you have?
3. There are <u>many</u> apples.
4. We don't have <u>much</u> milk.

04 순서만 맞추면 된다

1. He has many cars.
   그는 많은 자동차를 갖고 있다.
2. Does she have much money?
   그녀는 돈이 많니?
3. I am going to buy many cups.
   나는 컵을 많이 살 거야.
4. How much milk do you have?
   우유가 얼마나 있나요?

05 문장만 만들면 된다

1. There are many strawberries.
2. I have many sisters.
3. Do you have much work?
4. How much money does she have?

Grammar Rule 25

01 보고 고르기만 하면 된다

1. X
   나는 항상 학교에 가.

Grammar Rule + Review + Final Test

2 O
그는 야채는 절대 먹지 않아.

3 X
나는 항상 일요일에 교회에 가.

4 X
그는 절대 자기 방을 청소하지 않아.

5 O
그는 때때로 기타를 쳐.

02 단어만 넣으면 된다

1 always
나는 항상 직장에서 넥타이를 맨다.

2 sometimes
그녀는 때때로 방 청소를 한다.

3 never
그들은 토요일에는 공부하지 않는다.

4 never
그는 절대 고기를 먹지 않는다.

03 틀린 것만 고치면 된다

1 They <u>never eat</u> fish.

2 She <u>sometimes</u> eats pork for dinner.

3 I <u>always play</u> the violin every day.

4 He <u>never</u> watches movies at night.

04 순서만 맞추면 된다

1 We sometimes play soccer.
우리는 때때로 축구를 한다.

2 I always eat cakes after dinner.
나는 항상 저녁 식사 후 케이크를 먹는다.

3 She never plays computer games.
그녀는 절대 컴퓨터 게임을 하지 않는다.

4 My dog sometimes wags his tail.
내 개는 때때로 꼬리를 흔든다.

05 문장만 만들면 된다

1 He always eats a sandwich for lunch.

2 We always play soccer every weekend.

3 She sometimes cleans her classroom.

4 You never help me.

Grammar Rule 26

01 보고 고르기만 하면 된다

1 at

2 in

3 in

4 on

5 in

6 in

7 on

8 at

02 단어만 넣으면 된다

1 in
그녀는 2010년에 태어났다.

2 on
나는 크리스마스에 할아버지를 방문할 것이다.

3 on
도서관은 일요일에 연다.

4 at
우리 아빠는 12시에 점심을 먹는다.

03 틀린 것만 고치면 된다

1 He met her <u>in</u> summer.

2 My birthday is <u>in</u> August.

3 I am going to visit him <u>on</u> Thanksgiving Day.

4 Let's meet <u>at</u> 3 o'clock.

04 순서만 맞추면 된다

1 My brother was born in 2011.
내 남자 형제는 2011년에 태어났다.

2 How about meeting at 2:00?
2시에 만나는 게 어때요?

3 His birthday is in May.
그의 생일은 5월에 있다.

4 I like to swim in summer.
나는 여름에 수영하는 걸 좋아한다.

Grammar Rule + Review + Final Test

05 문장만 만들면 된다

1 I was born in 2012.

2 How about meeting on Christmas Day?

3 I play the piano at 12 o'clock every day.

4 The bakery closes on Monday.

Grammar Rule 27

01 보고 고르기만 하면 된다

1 on

2 in

3 under

4 on

5 in

5 under

02 단어만 넣으면 된다

1 in
사과가 바구니 안에 있다.

2 on
원숭이가 침대 위에 있다.

3 in
공이 컵 안에 있다.

03 틀린 것만 고치면 된다

1 There is a hamster <u>under</u> the bed.

2 The pencil is <u>on</u> the table.

3 The ball is <u>in</u> the box.

4 There is a rabbit <u>in</u> the cage.

04 순서만 맞추면 된다

1 The bear is under the tree.
곰이 나무 아래 있다.

2 It is on the table.
그것은 탁자 위에 있다.

3 The bird is in the cage.
그 새는 새장 안에 있다.

4 The puppy is under the table.
그 강아지는 탁자 아래 있다.

05 문장만 만들면 된다

1 The puppy is under the chair.

2 My sister is on the sofa.

3 The hamster is in the cage.

4 He is on the bed.

Grammar Rule 28

01 보고 고르기만 하면 된다

1 in front of

2 behind

3 next to

4 behind

5 next to

6 in front of

02 단어만 넣으면 된다

1 next to
공이 탁자 옆에 있다.

2 next to
안경이 식물 옆에 있다.

3 in front of
가방이 TV 앞에 있다.

03 틀린 것만 고치면 된다

1 There is a cat <u>behind</u> the bed.

2 The bag is <u>in front of</u> the chair.

3 The library is <u>behind</u> the bakery.

Grammar Rule + Review + Final Test

4 Tom is <u>in front of</u> the bookstore.

04 순서만 맞추면 된다

1 The boy is in front of the bakery.
그 소년은 빵집 앞에 있다.

2 The doll is behind the chair.
그 인형은 의자 뒤에 있다.

3 She is next to the tree.
그녀는 나무 옆에 있다.

4 The monkey is behind the TV.
원숭이는 TV 뒤에 있다.

05 문장만 만들면 된다

1 The post office is behind the supermarket.

2 The cup is next to the pencil.

3 The puppy is in front of the door.

4 There are glasses behind the book.

Review 05

A 소녀가 어디에 있는지 그림과 알맞은 전치사를 연결해 보세요.

1 under

2 in

3 on

4 next to

B 대화문에 알맞은 단어를 넣어 문장을 완성해 보세요.

1 at
우리 언제 만날까요? 2시에 만나죠.

2 in
언제 태어났나요? 2000년에요.

3 many
여자 형제가 몇 명인가요? 없어요.

4 much
얼마인가요? 20달러예요.

C 그림을 보고 알맞은 전치사를 넣어 문장을 완성해 보세요.

1 next to
빵집은 슈퍼마켓 옆에 있다.

2 behind
내 재킷이 노트북 뒤에 있다.

3 in front of
바나나 앞에 사과가 있다.

D 다음 문장에 알맞은 단어를 넣어 완성해 보세요.

1 never

2 always

3 sometimes

4 on

5 behind

6 on

Grammar Rule 29

01 보고 고르기만 하면 된다

1 an interesting
정말 재미있는 책이구나!

2 cute
정말 귀여운 아기구나!

3 a good
정말 훌륭한 피아니스트구나!

4 beautiful
정말 아름다운 꽃이구나!

5 wonderful
정말 멋지구나!

02 단어만 넣으면 된다

1 What
정말 아름다운 꽃이구나!

2 How
그는 정말 부자구나!

3 What
정말 예쁜 소녀구나!

4 How
정말 잘생겼구나!

03 틀린 것만 고치면 된다

1 <u>What a cute</u> baby!

2 <u>What</u> a good pianist!

Grammar Rule + Review + Final Test

③ **How** interesting!

④ **What** a good player!

04 순서만 맞추면 된다

① **How funny he is!**
그는 정말 웃기구나!

② **What a tall girl!**
그녀는 정말 키가 크구나!

③ **How pretty it is!**
그것은 정말 예쁘구나!

④ **What a good movie!**
정말 좋은 영화구나!

05 문장만 만들면 된다

① **How handsome the boy is!**

② **What a beautiful dress!**

③ **How fast she is!**

④ **What a wonderful basketball player!**

Grammar Rule 30

01 보고 고르기만 하면 된다

① **Be**
행복해라

② **Go**
주욱 앞으로 가라.

③ **Be**
수업 중엔 조용히 해라.

④ **Stand**
일어나세요.

⑤ **Open**
창문을 열어라.

02 단어만 넣으면 된다

① **Be**
행복해라.

② **Open**
문을 열어라.

③ **Sit**
제발, 앉아라.

④ **Be**
참아라.

03 틀린 것만 고치면 된다

① **Open** the window, please.

② **Be** quiet in the library.

③ **Go** straight ahead.

④ **Close** the door.

04 순서만 맞추면 된다

① **Be quiet in class.**
수업 중에는 조용히 해라.

② **Open the window.**
창문을 열어라.

③ **Be my friend, please.**
제발 제 친구가 되어주세요.

④ **Finish your homework.**
숙제를 끝내라

05 문장만 만들면 된다

① **Finish the work quickly.**

② **Sit down, please.**

③ **Be quiet in the museum.**

④ **Help your mom.**

Grammar Rule 31

01 보고 고르기만 하면 된다

① **take**
택시를 타지 마라.

② **be**
친구에게 무례하게 굴지 마라.

③ **be**
수업에 늦지 말아라.

④ **use**
내 연필을 사용하지 마.

⑤ **cry**
울지 마라.

Grammar Rule + Review + Final Test

02 단어만 넣으면 된다

1 Don't
슬퍼 마.

2 be
부모님 앞에서 무례하면 안돼.

3 Don't
버스 타지 마.

4 eat
아이스크림 너무 많이 먹지 마.

03 틀린 것만 고치면 된다

1 Don't <u>take</u> a taxi.

2 <u>Don't</u> eat my lunch.

3 Don't <u>be</u> late for school.

4 <u>Don't</u> cry.

04 순서만 맞추면 된다

1 Don't be rude to your friends.
친구에게 무례하지 마.

2 Don't run in the classroom.
교실에서 뛰지 마.

3 Don't sit down.
앉지 마.

4 Don't use my textbook.
내 교과서를 사용하지 마.

05 문장만 만들면 된다

1 Don't take the subway.

2 Don't play the violin at night.

3 Don't go alone.

4 Don't be rude in front of your grandpa.

Grammar Rule 32

01 보고 고르기만 하면 된다

1 👍

2 👍

3 👎

4 👍

5 👍

6 👎

02 단어만 넣으면 된다

1 It
5시예요.

2 sunny
오늘은 날씨가 맑아요.

3 It
6월 6일이에요.

4 It
월요일이에요.

03 틀린 것만 고치면 된다

1 <u>It</u> is 4 km from my house.

2 <u>It's</u> 2:30.

3 It <u>is</u> rainy today.

4 <u>It</u> is Sunday.

04 순서만 맞추면 된다

1 It will be cloudy tomorrow.
내일은 흐릴 거예요.

2 It's May 20.
5월 20일이에요.

3 It is 4 o'clock.
4시 정각이에요.

4 It's 1 km from my school.
그것은 학교로부터 1킬로미터 떨어져있어요.

05 문장만 만들면 된다

1 It is snowy today.

2 It is Friday.

3 It is 4 o'clock.

Grammar Rule + Review + Final Test

④ It is July 1 today.

Review 06

A 그림과 알맞은 문장을 연결해 보세요.

① Don't run in the street.
거리에서 뛰지 마.

② What a beautiful butterfly!
정말 아름다운 나비구나!

③ It's rainy today.
오늘은 비가온다.

④ Help your mom!
엄마를 도와드려!

B 문장에 알맞은 표현을 넣어 문장을 완성해 보세요.

① Don't

② sometimes

③ on

④ It's

⑤ What a beautiful

C 대화문에 알맞은 단어를 넣어 문장을 완성해 보세요.

① What
정말 귀여운 소년이구나. 정말 그래요.

② Be
도서관 안에서는 조용해. 네, 그럴게요.

③ It
날씨가 어때? 오늘은 화창해.

④ It
얼마나 멀어? 집에서 3킬로미터야.

D 다음 지시대로 문장을 바꿔 써 보세요.

① a beautiful flower
정말 아름다운 꽃이구나!

② Don't
네 책을 읽지마.

③ Finish
숙제를 마쳐.

④ nice the boy is!
정말 좋은 소년이구나!

Final Test 01

1 ②
그녀는 파리에 갈 예정이에요.

2 ③
Charlie는 Sally와 나무를 그리고 있어요.

3 ①
나는 TV를 보고 있지 않아요.

4 ④
그 토끼는 뛰지 않았어요.

5 ②
그는 친절하지 않았어요.

6 ①
그것은 무엇이죠? 꽃병이에요.

7 ①
그녀는 누구인가요? 제 여자 형제예요.

8 She was in the classroom.
그녀는 교실에 있었어요.

9 Who are they?
그들은 누구인가요?

10 Was the box heavy?
그 상자는 무거웠나요?

11 They played baseball after school.
그들은 방과후 야구를 했어요.

12 Jack made a kite last week.
Jack은 지난주 연을 만들었어요.

Final Test 02

1 ②
그 가방 정말 비싸구나!

2 ④
그것은 가장 흥미로운 영화야!

3 ③
친구에게 무례하게 굴지마.

4 ③
그 인형은 책상 아래 있어.

5 ①
숙제를 마쳐라.

6 ①
무엇을 하고 있나요? 춤을 추고 있어요.

7 ②
돈이 얼마 있나요? 3달러 있어요.

8 Let's meet on Thanksgiving Day.
추수감사절에 만납시다.

9 It is sunny today.
오늘은 날씨가 화창해요.

10 Arts is the most interesting subject.
미술은 가장 흥미로운 과목이에요.

11 Who is making the cake?
누가 케이크를 만들고 있죠?

12 What a nice pen!
정말 좋은 펜이구나!

198

서술형 문장 쓰기 대비 노트

Grammar Rule 01 be going to

1. I am going to
2. She is going to
3. It is going to
4. They are going to
5. We are going to

Grammar Rule 02 be going to 부정문

1. I am not going to
2. He is not going to
3. We are not going to
4. You are not going to
5. They are not going to

Grammar Rule 03 be going to 의문문

1. Are you going to
2. Is he going to
3. Is it going to
4. Are you going to
5. Are they going to

Grammar Rule 04 현재진행형

1. I am drawing
2. She is jumping
3. The baby is taking
4. He is running
5. They are swimming

Grammar Rule 05 현재진행형 부정문

1. She isn't crying
2. He isn't watering
3. I am not playing
4. You aren't listening
5. They aren't digging

Grammar Rule 06 현재진행형 의문문

1. Are you talking
2. Is he pouring
3. Is the dog barking
4. Are they pushing
5. Are they kicking

Grammar Rule 07 be동사 과거형

1. We were
2. He was
3. It was
4. I was
5. They were

Grammar Rule 08 be동사 과거형의 부정문

1. I was not
2. You were not
3. It was not
4. He was not
5. They were not

서술형 문장 쓰기 대비 노트

Grammar Rule 09 be동사 과거형의 의문문

1. Were you
2. Was he
3. Was it
4. Were they
5. Was she

Grammar Rule 10 일반동사 과거형의 규칙변화

1. He walked
2. I moved
3. We studied
4. They cried
5. She dropped

Grammar Rule 11 일반동사 과거형의 불규칙변화

1. My mom came
2. I saw
3. We had
4. He hit
5. She broke

Grammar Rule 12 일반동사 과거형의 부정문

1. You didn't
2. She didn't
3. It didn't
4. They didn't
5. I didn't

Grammar Rule 13 일반동사 과거형의 의문문

1. Did you play
2. Did he go
3. Did she walk
4. Did we miss
5. Did they come

Grammar Rule 14 의문사 what

1. What is
2. What's
3. do you
4. play
5. yours

Grammar Rule 15 의문사 which

1. Which bus
2. toy
3. Which song
4. like
5. is yours

Grammar Rule 16 의문사 when

1. When
2. When does
3. When is
4. get up
5. post office

서술형 문장 쓰기 대비 노트

Grammar Rule 17 의문사 who

1. Who is
2. is
3. making the pasta
4. this
5. are you

Grammar Rule 18 의문사 why

1. Why are
2. do you
3. Because
4. does the bird
5. angry

Grammar Rule 19 의문사 how

1. How many
2. much
3. many apples
4. do you
5. are you

Grammar Rule 20 형용사

1. red
2. big
3. pretty
4. angry
5. short

Grammar Rule 21 부사

1. quickly
2. slowly
3. carefully
4. safely
5. beautifully

Grammar Rule 22 비교급

1. stronger than
2. bigger than
3. shorter than
4. nicer than
5. wider than

Grammar Rule 23 최상급

1. the tallest
2. most interesting
3. is the
4. Math
5. This bag

Grammar Rule 24 수량형용사 (many, much)

1. much time
2. many
3. How much
4. money
5. many apples

서술형 문장 쓰기 대비 노트

Grammar Rule 25 빈도부사 (always, sometimes, never)

1 never
2 always play
3 sometimes watches
4 eat cookies
5 his tail

Grammar Rule 26 시간 전치사 (in, at, on)

1 born in
2 on
3 at 3 o'clock
4 in August
5 on Monday

Grammar Rule 27 장소 전치사 1 (in, on, under)

1 in the basket
2 in
3 on the
4 is under
5 under

Grammar Rule 28 장소 전치사 2 (in front of, behind, next to)

1 next to
2 front of
3 is behind
4 standing behind
5 a puppy in

Grammar Rule 29 감탄문

1 What a
2 he is
3 a funny
4 How
5 interesting

Grammar Rule 30 명령문

1 Open
2 Be
3 Go straight
4 down
5 homework

Grammar Rule 31 부정명령문

1 Don't be
2 take
3 Don't be rude
4 eat my
5 be late

Grammar Rule 32 비인칭주어 it

1 It's
2 4 km
3 is Monday
4 rainy
5 July

MEMO

MEMO